Burn out : plus jamais ça !

9, rue de l'École-Polytechnique – 75005 Paris
www.fauves-editions.fr
ISBN : 979-10-302-0312-7

Béatrice Pannier

Préface
Dr Marie Pezé

Burn out : plus jamais ça !

Avec les contributions de
Dr Patrick Légeron
Dr Olivier Dubois

FAUVES ÉDITIONS

À ma fille, Marine (16 ans),
le grand soleil de ma vie, à qui il a été volé
l'insouciance de l'enfance et de l'adolescence.
Ce sera un moyen pour elle de comprendre ce que
sa maman a vécu, car comment pouvais-je lui expliquer
le cataclysme que nos vies ont traversé ?

À tous mes collègues décédés et à tous les autres,
toujours en souffrance dans l'entreprise.

Aux médecins du travail et aux assistantes sociales
qui font un travail formidable dans l'entreprise,
même s'ils ne sont pas toujours entendus.

SOMMAIRE

Préface

Par Marie Pezé

Docteur en psychologie, psychanalyste, ancien expert judiciaire, responsable du réseau de consultations Souffrance et Travail

Le travail est une rencontre entre qui nous sommes et ce qu'on nous donne à faire. Si l'on peut si logiquement invoquer la personnalité de celui qui est en souffrance au travail pour exonérer les conditions de travail, c'est que nous engageons beaucoup de nous-mêmes dans notre métier.

Si le salarié s'investit trop au travail, on pourra donc émettre l'hypothèse qu'il a un besoin éperdu de reconnaissance non obtenue dans l'enfance, qu'il s'est surinvesti. Le lien difficile de certains salariés à l'autorité peut toujours être travaillé sous l'angle de la relation à la figure paternelle.

Mais peut-on dire à l'ouvrière qui souffre des 27 bouchons qu'elle visse par minute que son Œdipe y est pour quelque chose ou que son hyperactivité est structurelle?

Peut-on dire au patient en burn out qui s'effondre à son poste: « *Mais, pourquoi n'êtes-vous pas parti plus tôt au lieu de supporter cette souffrance?* », alors que démissionner lui aurait fait perdre ses droits sociaux?

Les femmes apportent-elles leur consentement pulsionnel à être payées 25 % de moins que les hommes, tout en assurant encore la prise en charge de la deuxième journée?

Le corps que nous engageons dans la tâche à accomplir n'est sûrement pas celui rêvé par cette organisation du travail: une force motrice, un réservoir d'énergie linéaire, disciplinarisé, sans rythme physiologique et biologique, sans limite, sans aléa, sans émotion, sans affect, sans faille. Ce corps-là est un moyen, juste une force motrice.

Bien loin des procédures fixées par l'organisation du travail, tous les processus engagés dans le rapport d'intimité avec la tâche, l'objet technique, la matière, avec l'outil, mobilisent en réalité toute la personnalité. Travailler, ce n'est pas seulement produire: c'est se transformer soi-même, dit Christophe Dejours.

Le travail contient des promesses:

- promesse d'émancipation sociale par l'autonomie financière, le dépassement de la dépendance aux parents;

- promesse d'accomplissement de soi par le regard des autres sur notre travail: regard des usagers, des patients, des clients qui nous donnent, ou pas, la sensation d'être utile au monde; regard de la hiérarchie sur le travail accompli par rapport aux moyens donnés plutôt que par rapport aux objectifs à atteindre ;

- promesse d'arriver à dépasser les situations sociales ou psychologiques de l'enfance que le métier que nous choisissons peut nous aider à transformer en œuvre originale ;

- le travail est aussi l'apprentissage du vivre ensemble, condition de la construction de la coopération et de la solidarité. Le monde du travail est l'espace social qui nous oblige à sortir de nous-mêmes, à interagir, partager et nous confronter avec tous les autres.

Travailler, c'est se travailler et travailler ensemble.

Il n'y a pas de frontière possible entre le travail lui-même, le rapport subjectif au travail et le hors travail. Celui qui s'engage, qui s'implique dans son travail, qui est pris par le rythme de travail, est obligé de mobiliser des ressources qui impliquent son temps hors travail.

Il n'y a pas non plus de neutralité du travail, quand le travail offre cette occasion incroyable de se transformer soi-même, pour sortir de l'expérience du travail, finalement plus intelligent qu'on ne l'était avant.

Bien sûr que celui qui travaille, travaille par « corps » tant le travail est sédimenté, incorporé dans ses gestes de métier. L'ouvrier sait, à l'oreille, qu'il a fraisé au bon micron. L'instituteur sait, à l'oreille, que les enfants sont au bord du chahut. Le chirurgien sait, au doigt, que le tendon est dilacéré. Je « sens » l'angoisse de mes patients. Des années de métier me permettent de repérer en quelques secondes, sans même m'en rendre compte, la sueur qui perle sur leur front, les pupilles dilatées, les mâchoires crispées, les téguments trop pâles, les mains crispées, la poitrine oppressée… Le métier, on l'a dans les mains, dans le corps.

Bien sûr que nous emportons dans le travail nos failles personnelles, issues de l'enfance, qui deviennent nos forces et nous permettent d'enrichir notre secteur professionnel. Je suis bien placée pour le savoir.

Cette centralité du corps au travail ou du travail du corps, devient un outil cardinal de ma consultation créée en 1996 et de toutes celles qui se sont créées depuis.

Dans les années 90, lorsque j'ouvre la première consultation Souffrance et Travail au CASH de Nanterre (92), les pathologies sont criantes, caricaturales, dans ce département le plus riche de France : travail sous contrainte de temps, harcèlement, emploi précaire, déqualification, chômage, semblent le lot quotidien des salariés. Les patients présentent de spectaculaires tableaux de temps de guerre, les yeux hagards, en apnée, la peur au ventre. Ils évitent le quartier de leur entreprise. Car pour eux, dehors, tout fait sens. Et l'angoisse alors surgit, incontrôlable ! Cette femme médecin s'asphyxie dès qu'elle prononce le sigle de son entreprise et je dois appeler à l'aide Johnny Adeline, le médecin de la douleur, pour la ventiler !

Que se passe-t-il dans le monde du travail ? Que leur fait-on ? Parfois, l'un plus courageux ou plus inconscient que les autres me glisse un guide de management interne en me suppliant de ne pas le faire circuler. Je découvre alors les techniques de management qui se diffusent dans les entreprises.

Les pathologies présentées semblent issues désormais de violences collectives plus que de névroses personnelles, violences collectives qui dans les grandes entreprises de La Défense semblent sacrément orchestrées. Quant à l'utilisation de l'approche psychologique habituelle sur ces patients, concepts psychanalytiques et psychosomatiques, je vois bien qu'elle peut devenir une véritable maltraitance « thérapeutique ». Ils s'accusent tous déjà bien assez de leur faiblesse sans y ajouter l'hypothèse de leur masochisme, d'une résistance à la figure de l'autorité, d'une topique mal foutue… Il sera bien temps d'y revenir plus tard.

Les violences organisées ont une spécificité clinique, psycho politique et des impacts cliniques puissants débouchant sur l'élaboration de dispositifs de traitements spécifiques.

Ces patients ne souffrent pas de troubles psychiques au sens traditionnel du terme, mais de traumatismes intentionnels, effets de pratiques organisationnelles malveillantes et/ou pathogènes. Pathologies de la solitude prescrite ! Voilà pourquoi le patient ne doit pas être mis en situation d'écoute neutre et bienveillante. Écouter le vécu subjectif du salarié et le rapporter sans cesse à sa problématique personnelle revient à le rendre responsable de sa désaffiliation. À lui faire croire que ce qui lui arrive vient de ce qu'il *est*, et non de ce qu'il *fait*. Écouter le patient sans faire cesser la violence qu'il subit, ni le faire sortir de sa situation pathogène, devient impensable. Le recours à l'avocat pour un avis juridique n'est pas le dernier recours dans notre approche. C'est un acteur à part entière du parcours de soin dont l'apparition précoce peut changer la donne quant à la « partie faible » qu'est le salarié en face de l'entreprise. Il rééquilibre les forces et n'engage les patients dans le judiciaire que de façon raisonnable, acceptant l'hypothèse d'une sortie du contrat par la stratégie médicale si les défenses du patient sont mises à mal par la lente temporalité juridique.

En 1998, tous les salariés criaient alors : « *Je suis harcelé !* » Le couple « pervers-victime » s'avère plus complexe que prévu dans sa construction. Parce qu'on ne nous croyait pas, et que nous pressentions de plus graves violences à venir, nous avons ouvert nos consultations aux documentaristes : *Ils ne mouraient pas tous mais tous étaient frappés* (2005), de Sophie Bruneau et Marc-Antoine Roudil, *J'ai très mal au travail* (2006), de Jean-Michel Carré ; *La Mise à mort du travail* (2009), de Christopher Nick, Jean-Robert Viallet et Alice Odiot, qui obtiendra le Prix Albert-Londres.

En 2006, les événements ont tragiquement donné raison à notre intuition de sentinelles de territoire. Il fallut atteindre un nombre de suicides incroyable, et de cadres, pour que l'on voie se multiplier les unes des journaux, se réunir plusieurs commissions parlementaires. Nous avons vu ressortir les bonnes vieilles explications : les fonctionnaires qui ne veulent pas s'adapter au changement, la fragilité individuelle... De savants calculs statistiques qui tentaient de dédramatiser le constat : « *Mais c'est un chiffre normal de suicides !* » Il est sûrement tentant, défensivement ou stratégiquement, de tenir un discours plus léger, de parler de qualité de vie au travail. D'opposer aux plaintes des salariés des questionnaires quantitatifs, de mettre en place des lignes d'écoute vertes ou bleues, du coaching.

Nous sommes en 2019. Les ¾ du capital des entreprises cotées dans le monde sont devenus la propriété des fonds d'investissements et des fonds de pension. Nous sommes passés d'une économie centrée sur l'argent du travail à une société de l'argent de la rente. On accomplit le travail nécessaire pour atteindre les dividendes décidés au préalable. Il faut donc transformer le travail réel en données comptables, chiffrées. Une nouvelle bureaucratie managériale impose ses outils.

Mais la grammaire chiffrée rend invisible le travail humain. Et voilà comment, le travail humain, avec sa sensorialité, ses muscles, ses efforts cognitifs, son endurance, son honneur, son âme, disparaît au profit d'une grammaire financière : rythme, temps, cadence, flux, tendus si possible, plus de stock, 0 délai, 0 mouvement inutile, 0 surproduction... Une entreprise rêvée, virtuelle, sans corps.

Vous l'avez compris : celui qui s'en sort dans les organisations actuelles du travail n'est ni le plus fort, ni le plus intelligent, mais **le plus rapide**. L'augmentation de la cadence des tâches à accomplir est présente partout, dans tous les secteurs professionnels, à des niveaux d'intensification qui pulvérisent toutes les limites neurophysiologiques et biomécaniques.

Si la médecine a tant de mal avec ce qu'on appelle le burn out par défaut, c'est qu'il s'inscrit dans la psychopathologie des violences collectives, sociales avec laquelle les outils diagnostiques, les étiopathogénies classiques, les protocoles classiques de prise en charge sont mis à mal.

Nos sociétés subissent une triple accélération :

- **accélération technique** foudroyante due aux innovations notamment numériques, digitales ;
- **accélération du changement social** avec la mutation des institutions, de la famille, du travail dans une macroéconomie où les marchés s'ajustent à la microseconde. Il faut 350 millisecondes pour cligner des yeux, soit le temps nécessaire pour qu'un algorithme opère 7000 transactions boursières ;

- **accélération du rythme de vie** touchant à l'expérience existentielle.

« Les individus qui développent des problématiques psychologiques ou psychopathologiques spécifiques aux lieux d'interface entre les mondes culturels, politiques, sociaux ou religieux, sont de réels témoins et des portes paroles des malaises collectifs contemporains ou en devenir. Ils sont souvent les précurseurs de problématiques culturelles ou sociales émergentes. Par l'expression de symptômes individuels, ils rendent apparent ce qui, du collectif, est actuellement encore enfoui. Dans ce cas de figure, nous nous gardons bien de « psychologiser les problématiques contemporaines, c'est-à-dire de réduire à des déterminants singuliers ce qui relève en réalité de l'histoire collective. » (F. Sironi)

Syndrome de désadaptation à des organisations du travail devenues redoutablement pathogènes, d'une accélération frénétique de nos fonctionnement neurophysiologiques, le burn out est de surcroît dans une phase de récupération médiatico-sociale qui écrase la possibilité de faire un diagnostic nuancé. D'autres tableaux cliniques liés au travail existent mais sont méconnus au profit d'intitulés venus d'ailleurs: *bore out*, *brown out.*

Le type de psychopathologie qu'engendrent ces violences collectives est particulier, du fait même qu'elles sont intentionnelles, en tous cas du côté des systèmes organisationnels, induites par des humains sur d'autres humains. Elles ne sont pas réductibles aux troubles habituellement répertoriés par les cliniciens.

Quand on demande au salarié de travailler mal, sur des instruments, des installations dans lesquelles on a de moins en moins confiance, commence alors un travail de sape de la subjectivité, de la personnalité et des conflits de valeurs déchirants. Alors le travail, au lieu d'être une occasion de se découvrir soi-même, est une occasion de se découvrir comme lâche, de faire ce que je trouve moralement répréhensible, mais en plus de faire un travail de mauvaise qualité, qui me renvoie de moi-même une image désastreuse et déplorable. Le travail devient le lieu d'apprentissage de la solitude et des coups bas.

L'aliénation du travail, c'est quand le travail se retourne contre l'Homme. C'est-à-dire quand les organisations du travail se retournent contre la culture, contre la perspective d'honorer la vie ensemble sous la forme de la civilisation, résultat du travail des femmes et des hommes.

Si le travail devient un produit, produit à consommer, il devient aussi un produit jetable.

L'itinéraire personnel et professionnel de Béatrice Pannier, le témoignage fort qu'elle livre dans les pages qui suivent sont la démonstration exemplaire des violences collectives que subissent de nombreux salariés, entre ceux qui consentent, ceux qui partent et ceux qui en tombent malade.

Préambule

Samedi 16 juin 2018

J'écoute RTL et j'apprends qu'enfin un procès va avoir lieu pour Monsieur Didier Lombard et les autres dirigeants de France Télécom. Il est en effet grand temps que justice soit faite. Au journal de TF1 à 20h, Anne-Claire Coudray se fait l'écho de cette information en précisant qu'une vingtaine de familles se sont portées partie civile et que les salariés peuvent continuer à le faire.

J'avoue que ce jour-là, j'ai comme une bouffée d'oxygène qui m'envahit, car j'ai toujours pensé que l'affaire avait été classée sans procès puisque pour nous, en tant que salariés, aucune information ne filtrait à ce sujet depuis des années. Cela se révélera être pour moi comme un soulagement. Tout reste à faire avec ce procès.

Je me connecte sur Google afin de savoir ce que veux dire « se porter partie civile ». Je continue mes investigations sur la toile en essayant de trouver s'il existe des groupes de soutiens aux victimes des suicides de France

Télécom et je tombe sur les coordonnées de Monsieur Hanna, qui s'était occupé de mon collègue Rémy Louvradoux. Je lui envoie un mail et il me téléphone en me donnant une adresse mail mise en place par le syndicat SUD afin que les salariés puissent effectuer cette démarche. J'ai appris que ce monsieur était décédé le jour de l'ouverture du procès.

Par retour de mail du syndicat, j'ai toutes les informations pour monter mon dossier. La rentrée 2018 s'annonce très chargée car je dois monter mon dossier pour le Tribunal Administratif de Caen pour la non-reconnaissance de mon 3e accident du travail du 5 janvier 2018 (je remets mon dossier le 25 septembre 2018 au tribunal), et pour me porter partie civile sur le procès Lombard (22 novembre 2018).

Au bout de 10 ans de souffrance au travail, je sens que le moment est venu pour moi de tourner la page, du moins d'essayer. Et pour m'y aider, j'ai pensé que mettre noir sur blanc cette douloureuse période de ma vie me permettrait de l'évacuer plus facilement.

D'une certaine manière, le fait qu'enfin le procès de l'ex-PDG Didier Lombard et 7 autres prévenus ait lieu est pour moi aussi annonciation d'une LIBÉRATION. Il est évident que je ne pourrai avancer dans ma vie que quand il y aura eu CONDAMNATION des protagonistes d'un management destructeur et RÉPARATION pour les dommages subis.

Ce seront pour moi les deux moyens de pouvoir enfin tourner la page dévastatrice de ma vie. J'irai même jusqu'à dire que ce sera comme une RENAISSANCE.

*

Lundi 6 mai 2019

Départ à Paris pour l'ouverture du procès qui ouvrira au Tribunal de Paris (Porte de Clichy) à 13h30. Quel est mon état d'esprit en montant dans le bus qui me conduira à la Défense ? Je dirais plutôt sereine, mais en approchant de Paris, je prends conscience que l'heure va devenir grave tout comme les heures à suivre. Il fait soleil malgré la fraîcheur de l'air mais cela réchauffe mon cœur blessé et ma tête endolorie par des souvenirs violents remontant à la surface. Dans le métro qui me conduit à la Porte de Clichy, des passagers parlaient d'Orange. Ce sont des collègues venant de Bretagne : Saint-Brieuc, Rennes, Lannion…

En arrivant devant le tribunal, je suis impressionnée par l'immensité de l'immeuble, tout neuf (avril 2018) et son architecture plus que futuriste. Voici quelques chiffres : 38 étages, 160 m de hauteur, 120 000 m2 (dont la salle des pas perdus 5 000), 500 magistrats, 1 300 fonctionnaires du Tribunal de Grande Instance, 9 000 personnes par jour y passent, 90 salles d'audience… des chiffres à vous donner le vertige !

J'arrive sur le parvis où déjà beaucoup de monde s'affaire. Les syndicats ont installé des tentes avec des drapeaux afin de les reconnaître. Arrivant avec un chapeau noir vissé sur la tête avec un slogan sur papier orange « PLUS JAMAIS CA » et arborant une lettre ouverte à Didier Lombard sur un grand carton autour du cou, voilà que je me retrouve en deux minutes entourée d'une dizaine de micros et caméras (TF1, LCI, BFMTV, RTL, Europe 1, France Info, Sud Radio, Radio Classique…) et les questions fusent tous azimuts. Enfin, on va m'écouter, m'entendre et me comprendre. Il est temps, après 13 ans de souffrances au travail et une tentative de suicide !

Vers 12h30, commence sur le parvis du Tribunal une prise de parole de tous les syndicats présents et autres. Je demande à prendre la parole pour lire ma lettre ouverte à Didier Lombard. Une salve d'applaudissements clôture mon intervention et quelques collègues de toute la France viennent me remercier pour avoir réussi à exprimer ce qu'eux avaient sur le cœur.

Le procès commence à 13h30 et il y a une longue file d'attente devant l'entrée car il faut passer par différents sas de sécurité. Il y a des policiers partout à tous les niveaux et tous les étages du tribunal. C'est impressionnant.

Étant partie civile, je fais partie des personnes qui ont accès à la salle d'audience du tribunal. Les bancs de gauche sont réservés aux parties civiles et témoins, ceux de droite à la presse et au public. Un auditorium sera même ouvert au public au rez-de-chaussée tant il y a de monde, avec des caméras qui retransmettent ce qui se passe en salle d'audience. La présidente du tribunal appelle les 167 parties civiles physiques, la dizaine de parties civiles morales (associations, syndicats…) et les 30 témoins (15 de chaque côté).

Mon tour arrive d'être appelée à venir à la barre. Je me lève du banc, mes jambes tremblent. Je dois confirmer si je maintiens ma constitution de partie civile. On me demande ensuite par qui je suis représentée : je précise le nom de mon avocate, Maître Topaloff. Certains repartaient avec une date d'audience pour être entendue. Pas moi. J'ai pris mon courage à deux mains pour dire au micro : « Je demande à être entendue à la barre au même titre que la famille Louvradoux puisque c'est le même jour que notre vie a basculé. Ceci est vital et nécessaire pour moi pour pouvoir entrer dans un processus de guérison. » Et là, ma voix se casse, des larmes coulent. Je sens un moment de flottement et la présidente du tribunal reprend la parole : « Très bien, Madame Pannier, je note votre demande et nous verrons quand il sera possible de vous entendre. »

Quand je quitte la barre, Didier Lombard est à un mètre de moi sur ma droite. Je marque un temps d'arrêt devant lui de 3 à 5 secondes et je le regarde, les yeux dans les yeux. Ouf, il a soutenu mon regard et non baissé les yeux comme il aurait bien pu le faire. J'ai décelé une infime once de compassion, comme s'il réalisait enfin le mal qu'il avait pu faire. J'espère que dans mon regard embué de larmes, il aura bien perçu ma souffrance et mesuré mon désespoir dans lequel je suis encore plongée aujourd'hui à cause de sa politique managériale de l'époque.

Après ces formalités d'usage, des avocats des 8 prévenus, vont prendre la parole à tour de rôle s'étonnant du nombre énorme de parties civiles, laissant entendre qu'il fallait ajourner et reporter le procès avec une durée plus longue compte tenu du nombre de parties civiles dont il leur fallait prendre connaissance des dossiers.

La procureure de la République ainsi que les avocats des parties civiles ont pris la parole, argumentant du bon droit, articles à l'appui, du délai pour se porter partie civile. La présidente demande à 16h48 une suspension d'audience jusqu'à 17h30. En sortant de la salle, les médias attendent les impressions des deux parties. C'est impressionnant.

Lors de la reprise, la présidente déclare l'ouverture du procès en commençant très fort par une citation de Pierre Drai (grand magistrat devenu à la fin de sa carrière premier président de la cour de cassation) mort en 2013 qui disait : « Juger, c'est aimer écouter, essayer de comprendre et vouloir décider. » Ce message est affiché sur un grand mur du hall du Tribunal de Paris. Elle développe ce que chaque mot veut dire pour elle. Curieusement, cette phrase m'a fait un bien fou, car cela montre qu'elle saura écouter, qu'elle essayera de comprendre et qu'ensuite saura décider ce qui doit l'être.

Elle nous a aussi énoncé des chiffres, la preuve que nous allions vivre un grand procès historique puisque dans la salle des délibérés derrière elle, sont entreposés : 66 tomes, 4164 cotes, 200 pages minimum par cote, 1 million de pages et de documents, 220 scellés (traces informatiques, clés USB), 667 pages d'ordonnances qui saisissent le Tribunal. La durée du procès sera de 12 semaines avec 40 audiences et 8 plaidoiries. L'émotion sera présente, sourde et violente. Est présentée sur un écran géant la carte de France avec les villes des 39 victimes (dont 23 ont plus de 50 ans et 31 sont fonctionnaires).

Elle nous donne quelques informations pratiques comme par exemple : chaque personne appelée à la barre pourra venir avec son texte écrit et pourra donc le lire car il faudra y peser chaque mot, chaque chiffre, chaque date et lieu car susceptibles d'être vérifiés. Venir à la barre peut impressionner et faire perdre ses moyens donc avec un écrit, c'est plus sûr.

Ce qui me surprend, c'est le nombre de femmes en grande majorité qui vont mener ce procès : une présidente, deux procureures, une greffière et sur la cinquantaine d'avocats présents des deux cotés, une majorité de femmes. Je ne sais pas pourquoi, mais je sens cela de bon augure.

Première partie
Ma vie professionnelle

1.
Brève présentation

Je suis née le 16 février 1963 en Mayenne, j'ai passé une enfance (à Javron) et une adolescence (à Mayenne) plutôt tranquilles et banales dans ma verte Mayenne.

Juin 1981 fut un bon cru puisque le 1er, j'avais le permis de conduire et le 30, j'avais le bac B du premier coup. En octobre, je rentrais en fac d'AES (Administration Économie et Social) à Laval (annexe de la fac du Mans).

Quelques mois auparavant, François Mitterrand arrive au pouvoir et a eu la bonne idée de lancer une campagne de recrutement de fonctionnaires avec deux concours annuels par administration avec à chaque fois 4 à 5000 postes à pourvoir. Je décidais donc de m'inscrire à des concours administratifs dès le début de 1982 et en janvier, j'ai passé le concours des PTT. Je fus reçue 498e et j'ai donc fait partie d'un premier groupe nommé au 20 avril 1982 avec une formation préalable au métier de guichetier qui se déroulera à Nantes jusqu'au 28 juin 1982.

Mes parents étaient ravis car moi qui rêvais depuis mes 15 ans de monter à Paris, j'allais pouvoir y aller avec en prime un job en poche. Que rêver de mieux à 19 ans avec seulement le bac !

2.
Paris

30 juin 1982

C'est dans une direction que j'ai démarré ma vie active, dans un petit bureau où nous étions trois dont une responsable. Je me suis très vite habituée et mes collègues sont sympas, venant de toute la France. Il faut préciser qu'à l'époque, passer un concours des PTT entraînait automatiquement un passage plus ou moins long par Paris. Selon les régions et sa situation familiale (marié, avec enfants), le délai pouvait être de quelques mois à un nombre certain d'années. Quant à moi, je réalisais mon rêve de monter à Paris (j'y suis restée 19 ans, c'est dire!)

16 février 1983

Je me rappellerai toujours de ce retour de la cantine. En fait, c'était le jour de mes 20 ans. Un magnifique bouquet de fleurs trône sur mon bureau, offert par mes collègues qui avaient aussi prévu des petites gourmandises pour agrémenter la pause-café. J'étais très touchée par cette marque d'amitié. Puis quelques jours plus tard, je suis partie avec une amie aux Baléares : premier voyage en avion que je m'offrais pour mes 20 ans. Sur place, j'ai sympathisé avec la représentante du Tour Opérateur qui venait faire des permanences dans les hôtels et c'est là que je me suis rendue compte que ce serait tout à fait le genre de travail qui m'aurait convenu. L'idée a suivi son chemin car quelques mois plus tard, j'ai entrepris une formation par correspondance d' « Hôtesse de Tourisme » avec Educatel. Je faisais mes cours en rentrant après ma journée de travail.

1984

Je tombe sur un appel à candidature qui m'interpelle, qui me fait passer de la Poste aux Télécoms : travailler dans un restaurant administratif du Central téléphonique des Tuileries (en sous-terrain sous les jardins des Tuileries) où j'aurai à servir dans une petite salle à part des repas en petit comité des grands chefs de l'entreprise. Je suis conviée à un entretien, je visite les lieux. Le fait de travailler en sous-sol de 8h à 16h générait une prime supplémentaire, ce qui m'a permis de financer ma formation à Educatel.

1984 / 1989

Tout en changeant de service assez régulièrement, je continue à préparer mon diplôme, je me suis remise à l'anglais. J'ai passé le BAFA et je peux faire mes stages dans des colonies de vacances PTT.

1990

Ma carrière prend un tournant tout à fait inattendu et là, pour une fois, suite à une candidature spontanée aux associations : Tourisme et Culture PTT et Loisirs PTT. Je sais qu'en étant détachée dans une association, ma carrière serait « gelée » coté avancement, promotion… c'est le prix à payer. J'ai à peine 30 ans donc encore toute ma carrière devant moi. Par ailleurs, j'ai le grand avantage de bénéficier du statut d'agent de voyage, qui me permet de voyager à prix défiant toute concurrence en plus des circuits que j'accompagne dans l'année.

1991 / 2001

Après 15 mois à Tourisme et Culture PTT, j'ai finalement rejoint Loisirs PTT en septembre 1992. Je prends très vite mes marques car je retrouve les mêmes fonctions pour l'organisation des séjours en France que l'on monte de A à Z. Ma responsable d'agence est ravie de mes compétences déjà acquises qui font que je suis devenue très rapidement opérationnelle et de mes idées qui fourmillent pour proposer de nouveaux séjours à nos adhérents.

J'y travaillerai jusqu'en 2001, ce qui fait que j'aurai connu une décennie de ma carrière où je me suis éclatée. Ma responsable n'hésite pas à déléguer ses fonctions et à me donner des responsabilités. Ce fut une décennie de ma vie particulièrement enrichissante dans tous les sens du terme, intéressante, captivante, bref, un régal, mais toutes les bonnes choses ont une fin.

Mars 2000

Tout le personnel mis à disposition dans les associations est convié à une réunion extraordinaire quasiment du jour au lendemain pour nous informer en substance : « *Du fait de la réorganisation de l'entreprise et de son statut, il va être créé dans les années à venir un CE, ce qui veut dire que vos associations vont disparaître les unes après les autres. Nous conseillons au personnel parmi vous encore jeune d'anticiper votre retour dans l'entreprise en commençant à chercher par vous-même dans quel domaine vous souhaiteriez travailler* ». À cette époque, vont naître de nouvelles activités avec l'arrivée de la connexion à internet et ainsi vont se créer des nouveaux services et métiers à Wanadoo. Hasard du destin, mon compagnon rencontré en 1998, Normand, obtient un préavis de mutation pour Bayeux. J'apprends qu'un plateau Wanadoo va ouvrir prochainement à Caen et qu'ils sont en phase de recrutement.

Après mûre réflexion, je décide le tout pour le tout : après 19 ans à Paris, cette opportunité de partir en Normandie tombait à point nommé. De plus, cela me rapprochait de ma famille en Mayenne. J'engage donc une demande de mutation pour Caen.

3.
Caen

1er décembre 2001

Je commence ma formation sur le plateau Wanadoo de Caen qui durera plus de deux mois du fait d'une double formation : technique et commerciale. Mon groupe sera composé principalement de collègues qui arrivent de partout : Auxerre, Évreux, Guyane, moi de Paris, trois techniciens des lignes qui se trouvent propulsés sur un plateau et un responsable d'équipe.

2002

Après quelques mois (de février à mai) passés à l'assistance technique, notre plateau s'est ouvert au commercial et cela correspondait mieux à mon profil. Nous travaillons en petits plateaux de 20 personnes avec les managers se trouvant dans des petits bureaux adjacents vitrés. En mai sera mis en place un plateau commercial téléphonique avec appel à volontaires parmi nous, les nouveaux formés et ceux déjà en place. Nous formons une première équipe nommée d'office soutien. Après 10 ans où ma carrière avait été mise entre parenthèse côté promotion, il y eut une flambée de promotions pour une nomination en 2-2, ce qui fut fait en novembre 2002.

2003

D'avril à novembre 2003, je me suis absentée de l'entreprise pour la bonne cause puisque j'étais en congé maternité et j'accouchais le 10 juin d'une magnifique princesse de 55 cm et de 3,55 kg, par une belle journée estivale le mardi de Pentecôte, répondant au doux prénom de Marine. S'en est suivi le fameux été caniculaire qui fut bien difficile avec un bébé. Le retour au travail en novembre fut d'autant plus difficile qu'en six mois, l'entreprise a encore bien évolué à tous points de vue.

2004 / 2006

En l'espace de 3 ans, nous avons changé d'activité tous les 6 mois : passant de plateau commercial téléphone en plateau réclamation téléphone, puis en plateau réclamation téléphone + courrier, pour finir en plateau réclamation professionnel téléphone + courrier.

Toutes ces évolutions professionnelles se font avec des formations insuffisantes, sans nous demander notre avis avec la mise en place de la productivité, de la culture des chiffres, compétition entre équipes… Commencera alors les prémices de ma souffrance au travail car au bout de 5 ans de casque, je ne supporte plus de me faire insulter par les clients. Quand vous avez des professionnels, des patrons d'entreprise qui vous disent : « Cela fait une semaine que je n'ai plus de connexion Internet, si je ne suis pas rétabli dans l'heure, je vais mettre 20 personnes au chômage », je peux vous dire qu'au fil des jours, cela devient une responsabilité que je ne peux plus endosser, ni assumer. Commence alors la chute libre en enfer avec entrée dans la spirale des antidépresseurs et somnifères pour tenir le coup.

4.
Le début de la souffrance

Fin 2006

Je suis reçue par la médecine du travail qui me suggère de passer à temps partiel 80 % pour 6 mois afin d'alléger mes journées de travail et de reprendre pied car prendre des appels 8 heures par jour et subir insultes et réprimandes des clients me devenaient insupportables. Financièrement, l'entreprise n'a pas compensé donc j'ai eu une perte de salaire importante. Les années ont passé… Seulement voilà, cela a duré jusqu'en décembre 2010 (soit 4 ans). Étant seule avec ma fille, il a fallu que je trouve une solution. J'ai donc pris un job à côté pour compléter : je distribuais des prospectus dans les boîtes aux lettres.

2007

Dans la même période, l'entreprise se réorganise coté RH avec des services à l'autre bout de la France pour ci, ailleurs pour ça, injoignables. Il y a aussi la mise en place du CE France Télécom. Je touchais une prestation d'action sociale pour la garde de ma fille que l'on me retire sans explications, soit un total de 741,89 euros en moins. Quand vous faites une réclamation par écrit, vous avez une réponse 18 mois plus tard qui répond complètement à côté. J'ai même l'impression d'être black-listée.

Avec la mise en place du CE, aura lieu la mise en place d'élections du personnel. Comme mon expérience de 10 ans dans les associations m'a rendue incollable sur beaucoup de choses, comme par exemple les chèques vacances, les syndicats ont commencé à me faire les yeux doux pour me recruter sur leur liste. Pendant trois ans, j'ai donc été déléguée du personnel suppléante, et là, je me sens enfin exister pour quelque chose (défendre nos droits) et surtout pour quelqu'un (mes collègues).

Jusqu'à maintenant, je n'avais jamais été syndiquée, car le monde du syndicat est une poudrière entre collègues de syndicats opposés, mais que dire entre collègues d'un même syndicat ? Lors de réunions ou formation dans le syndicat à qui j'avais donné ma confiance, j'ai assisté à des joutes verbales entre les détachés permanents et les autres qui étaient d'une violence assez hallucinante. J'ai eu le malheur un jour de dire que je n'étais pas d'accord sur un élément du CE, je me suis fait vilipendée par une responsable, plus bas que terre. À la fin de la journée, quand il a été fait un tour de table, j'ai osé dire : « J'ai compris aujourd'hui pourquoi je ne m'étais jamais syndiquée de toute ma carrière, car vu le traitement infligé aux nouveaux comme moi, je comprends surtout pourquoi vous avez du mal à recruter de nouveaux adhérents car c'est un tel monde délétère que vous instaurez que cela ne donne pas envie. Sur ce, bonne fin de journée à tous. »

Par ailleurs, avec l'arrivée du PDG Didier Lombard à la tête de l'entreprise depuis quelques mois, voilà qu'il va nous sortir du chapeau les plans NEXT et ACT, visant à faire partir plus de 22 000 salariés de l'entreprise par « la porte ou par la fenêtre ». Tout ceci va s'orchestrer avec :

- la disparition de services ;
- la réorganisation en grands plateaux (open spaces) ;
- la soumission à des objectifs chiffrés inatteignables.

Il y aura aussi un programme mis en place pour :

- le départ en CFC (congé de fin de carrière) à 55 ans pour les salariés éligibles ;
- le départ vers d'autres fonctions publiques ;
- l'essaimage et PPA (projet personnel accompagné) pour monter son entreprise avec des aides et facilités diverses ;
- le départ (forcé) pour les mères de + 3 enfants.

2008

Sur mon plateau, voilà qu'un manager arrivé depuis quelque temps se met à faire du zèle. Heureusement, ce n'était pas le mien. C'est quelqu'un qui ne dit jamais bonjour en arrivant, encore moins au revoir en partant et étant cadre autonome (horaires libres), arrivait certains matins à 10 heures, voire 11 heures et repartait à 16 ou 17 heures sachant que le plateau avait pour horaire 8h/ 20h.

Quand il était de vigie, il signalait à notre responsable de plateau la liste des retards de chacun. Quand nous, les délégués du personnel, avons assisté à une réunion avec notre responsable de plateau, il nous a été annoncé que les retards seraient sanctionnés. J'ai dit qu'il faudrait peut-être que déjà les cadres montrent l'exemple. La réponse fut qu'il était cadre autonome et avait donc tous les droits concernant ses horaires. Hallucinant comme réponse ! Certes, mais sur le plateau nous avions d'autres cadres autonomes qui eux étaient là dès 8 heures et ne comptaient pas leurs heures.

Quelquefois, il venait au salon de repos nous chercher quand nous étions depuis trop longtemps ou trop nombreux en pause. Il est vrai qu'il y a des jours, quand vous venez de prendre 5 appels d'affilée où on vous a traité d'incapable, insulté et j'en passe, il est clair qu'une pause de 10 minutes peut être trop courte pour récupérer de cette accumulation d'agression verbale et morale. Un jour où il a poussé le bouchon trop loin, c'est tombé sur moi. J'ai pété un câble, je lui ai envoyé un mail (en envoyant une copie à ma responsable d'équipe et notre responsable de plateau) qui lui disait ses quatre vérités. C'est sûr que s'entendre dire qu'ici nous étions sur un plateau téléphonique et non pas sur un plateau de cinéma, que s'il voulait jouer les shérifs, c'était à Hollywood qu'il fallait postuler et qu'ici, nous étions des êtres humains et non pas des malfrats à traquer... J'ai été convoquée par la directrice. Les menaces pleuvent. S'il y avait un problème, j'aurais dû lui en parler, mais le problème est que cette dame nous gérait à distance, on ne la voyait jamais. Elle a fini par le reconnaître. Voici encore une défaillance de l'organisation de l'entreprise : comment un directeur peut-il gérer son centre quand il est toujours en déplacement partout et joignable nulle part ?

Résultat, j'ai craqué. J'étais dans un état pitoyable. En sortant, je suis allée chez le médecin pour avoir des calmants. Je suis arrêtée. J'ai été contactée l'après-midi même pour me dire qu'il existait une cellule d'écoute et d'accompagnement pour les personnes en difficulté au travail. J'ai eu rendez-vous avec une assistante sociale et la médecine du travail, dans la semaine qui suivit. Quand vous pétez un câble et que vous craquez, le seul endroit où je pouvais m'isoler pour me calmer était... les toilettes, à l'autre bout du bâtiment !

La bonne nouvelle (pour moi en tous cas) de cette année est que nous passons en plateau back-office, donc nous n'aurons plus les clients au téléphone. Nous traiterons les dossiers de réclamations par mail et courrier exclusivement. Ouf !

Par contre, le service 1016 (front office exclusivement) a bien du mal à recruter car personne ne veut y postuler, tant les objectifs de vente sont inatteignables.

Il y a un classement des salariés par objectifs réussis... La direction a décidé de convoquer les meilleurs agents de notre service, dont les soutiens, pour un entretien afin de les encourager à postuler en leur faisant miroiter qu'il s'agissait d'une « reconnaissance »! Cela voulait surtout dire retourner à la case départ, devoir reprendre des appels. C'est la première fois que j'ai vu certains collègues hommes et femmes, pourtant solides jusqu'à maintenant, sortir de l'entretien en larmes.

2009

L'entreprise est en constante contradiction avec elle-même. Voici un exemple parlant: après avoir sondé le personnel, il a été mis en place un PDE (plan déplacement entreprise) qui, entre autres, permet de venir travailler en vélo en bénéficiant d'une participation de 20 % sur l'achat d'un vélo. Deux mois après l'achat de mon vélo, j'apprends que nous déménageons à l'autre bout de la ville pour cause de travaux de réfection de l'immeuble en open space et à cause de l'amiante. Cela représente un trajet en vélo d'une heure. L'entreprise montre qu'elle veut se montrer « écologique » par certains côtés, mais elle agit en parfaite contradiction en mettant ses agents sur la route. Côté écologie, on a vu mieux. Mais il y a pire: j'ai des collègues de Lisieux, pour qui le service fermait et qui n'ont pu que venir travailler sur Caen. Résultat: en kilomètres et aggravation de temps de trajet, c'est insupportable pour eux.

29 juin 2009

Tout le personnel de France Télécom est convoqué d'office à une réunion : « Orange 2012 », où deux responsables sont chargés de nous dévoiler la politique de l'entreprise pour les trois années à venir. Devoir vendre encore plus (avec des objectifs inatteignables), surtout les nouveaux produits qui vont arriver sur le marché, avec des formations adéquates (il y a longtemps que nous n'avons plus de formation, c'est juste une demi-heure d'information, et encore). Il y aura encore des restructurations avec une politique à fond d'« open space » avec des plateaux de 150 personnes. Les départs (en retraite ou autres) ne seront pas remplacés. Et en plus, il faudra continuer à faire de la qualité client. Moi qui travaille au service réclamation d'Orange Internet Pro, je ne vous dis pas comment les clients sont écœurés par nos pratiques comme la vente forcée d'abonnement pro et un tas d'options coûteuses à des particuliers qui n'en ont pas besoin.

Ce même jour, l'après-midi, nous sommes convoqués à une réunion de plateau pour nous annoncer que nous déménageons à l'autre bout de la ville pour un an à cause de travaux d'agrandissement du bâtiment et rénovation de notre bâtiment actuel. Nous travaillons depuis des années dans un immeuble où nous avons une antenne de télécommunications au-dessus de la tête et en plus dans un immeuble bourré d'amiante. Merci pour notre santé, je comprends pourquoi nous avons des collègues chez qui se déclenchent des cancers si jeunes. Certes, nous savions que nous allions déménager mais la semaine précédente, nous avions des infos qui circulaient comme quoi cela se ferait pas avant novembre voire décembre 2009. Eh bien, non, tout s'est fait en vitesse sans concertation avec les IRP et on a eu l'audace de nous dire qu'on avait de la chance d'être prévenu avant les vacances afin que l'on passe de bonnes vacances !

Toute cette journée a été pour moi le coup de grâce dont je n'avais pas besoin pour couler. Comme si on me maintenait la tête sous l'eau pour que je replonge. Je suis particulièrement anéantie par la perspective des trois prochaines années où il faudra encore faire plus de bénéfices (donc objectifs supérieurs) avec moins de personnel et un environnement de travail qui empire (politique d'immenses open space).

4 septembre 2009

Voilà, nous avons déménagé au nord de Caen, rue du Recteur Daure. Aucune promesse n'a été tenue de tout ce qui était prévu. Par ailleurs, le plan fait de la salle avec les bureaux où chacun devait se positionner (pour le 1er juillet dernier délai) s'est avéré complètement erroné une fois sur place. Avant, nous étions 35 personnes réparties sur 2 plateaux. Maintenant nous sommes dans une même salle à 35 avec vue imprenable sur le périphérique de Caen, où quand, le premier jour, un cortège d'une vingtaine de Harley pétaradantes est passé sous nos fenêtres (fermées), j'ai cru qu'elles roulaient dans la pièce tant on les entendait. Nous sommes une entreprise de télécommunications, mon poste téléphonique et celui de ma collègue élue CHSCT n'ont été raccordées que vendredi 11, soit une semaine après le déménagement ! Bravo les conditions de travail. Obligées d'utiliser les postes de nos collègues voisines.

Tout ceci apporte la preuve que nous ne sommes que des pions avec un numéro (code alliance) que l'on déplace et qu'on manipule au gré de ce que les pontes à Paris décrètent pour accroître au maximum les profits des actionnaires, sans se soucier que nous sommes des êtres humains.

10 septembre 2009

Nous avons été nombreux à faire grève et manifester en ville. C'était l'occasion d'extérioriser notre ras-le-bol et mon mal-être, mais surtout aussi une manière de rendre hommage à nos collègues disparus qui ne pouvaient plus faire face et pour qui, le suicide était leur seul recours. Mais cela en haut lieu, on s'en fiche. J'espère que l'on va vite retrouver un souffle de vie car depuis des années, on vient au travail avec la boule au ventre. J'en suis rendue à un point qu'après 27 ans de carrière, j'ai honte de dire où je travaille. Comment être fière de travailler pour une entreprise dont le leitmotiv est : « Profits, fric, actionnaires… ».

12 septembre 2009

J'ai été anéantie d'apprendre encore la mort d'une collègue qui a dû se jeter par la fenêtre pour mettre fin à ses souffrances. Les médias annoncent que c'est à cause d'un changement d'équipe, ce qui, au prime abord peut s'avérer anodin. Mais si vous saviez comme je la comprends, car je suppose que pour elle, cela a été la goutte d'eau qui a fait déborder le vase. Moi aussi, j'ai connu cela. On cumule au fil des mois et des années des tas de contrariétés, de contradictions de l'entreprise et on pète un câble. De plus, étant déléguée du personnel sur mon entité, je suis bien placée pour connaître le désarroi que vivent mes collègues des autres services.

La vague de suicides est surmédiatisée, fait les titres de l'ouverture du JT de 20h. Je me trouve partagée entre deux sentiments très forts : le soulagement, car enfin, on parle de ce que nous vivons, et la honte de travailler dans cette entreprise.

Moi aussi, je l'avoue, j'ai des envies suicidaires par moment car j'en ai assez du manque d'humanité dont mes collègues et moi sommes victimes au fil des années. Heureusement, la seule personne qui me maintient la tête hors de l'eau, c'est ma fille, qui a 6 ans (en garde alternée) et qui est pour moi le cadeau de la vie que je n'attendais plus l'année de mes 40 ans. J'essaie de ne pas craquer devant elle, mais quand elle me voit revenir du travail avec les yeux rougis et une tête déconfite, qu'elle me dit : « Ça va, maman ? », je craque de plus belle et elle vient me serrer très fort dans ses petits bras, elle m'essuie les yeux avec ses petits doigts et me dit : « Je suis là ma petite maman chérie, ne pleure pas, ça va aller… ». Elle court ensuite me chercher des mouchoirs. Elle est devenue ma seule raison de vivre car autant vous dire que si elle n'était pas là avec la vie d'enfer au bureau, à quoi bon rester sur cette terre, puisque l'on n'existe pour personne. Vous croyez que c'est normal qu'une petite fille de 6 ans soit confrontée à une telle situation face à une maman qui n'en peut plus ?

En étant déléguée du personnel, je vois d'autres problèmes rencontrés par les différents services :

- prévisions de congés plus de 6 mois à l'avance avec des refus suite aux prévisions de flux qui s'avèrent erronés le moment venu, on se retrouve en surnombre sur les périodes où des congés ont été refusés ;
- temps partiel annualisé (avec toutes les vacances scolaires) refusé à une collègue qui a trois enfants en bas âge alors qu'il est renouvelé pour d'autres qui ont des enfants adultes. Pour qui est donc fait ce temps partiel ?

Mais jusqu'où vont-ils aller pour encore mieux nous presser, nous dévaloriser et nous tuer à petit feu ? Sur les conseils d'une collègue qui me voit sombrer au fil des semaines, je consulte une infirmière psychologue à la CMP (de septembre 2009 à juillet 2010).

Cette rentrée est donc très agitée d'autant que je suis choisie comme ambassadrice de l'équipe pour les travaux (il fallait une personne par équipe). Et on me choisit aussi comme ambassadrice de l'équipe pour les Assises de la Refondation suite au questionnaire Technologia. Cela devrait permettre la mise en place du nouveau France Télécom.

Décembre 2009

Dans le cadre des travaux de réfection de l'immeuble, lors d'une réunion je me porte volontaire pour aller visiter le plateau Gutenberg à Paris (100 personnes). La semaine suivante, un projet de plateau unique de 200 personnes à notre étage est présenté en CHSCT. À aucun moment, il n'a été tenu compte de mon rapport envoyé par mail à mon N+3. Ce qui nous a sauvés, c'est le fait que l'architecte a dit que ce n'était pas viable car il lui fallait des murs porteurs donc au lieu de 200 personnes, nous avons eu 3 plateaux entre 60 et 70 personnes chacun. Compte tenu du stress vécu et de ma santé déjà en souffrance, s'ensuivront 2 mois d'arrêt (avec en prime une hospitalisation pour coliques néphrétiques).

2010

Le service RH continue de plus belle les boulettes sur mon dossier. Même en étant pris en charge par ma manager, nous n'aurons une réponse qu'au bout de 4 mois. L'année sera ponctuée de réunions de commission des travaux qui me mettent de plus en plus mal à l'aise. Quand je vois l'étendue de ces grands bureaux vides, certes tout beau, tout neuf avec de la belle moquette… Mais comment vais-je survivre dans un tel gigantisme de bureaux et la promiscuité avec les collègues qui, pour certains, ont ce que l'on peut appeler le verbe haut ?

8 août 2010

Je prends contact avec la ligne du numéro vert psychologique, cellule IAPR, qui me propose 5 rendez-vous avec une psychologue de septembre à décembre, puis 3 supplémentaires de décembre à février 2011.

Début décembre 2010

Je suis tellement au bout du rouleau que j'ai un accident de voiture avec que de la tôle froissée si je puis dire, mais je suis sous le choc et s'ensuivra encore un arrêt maladie d'une semaine.

13 décembre 2010

C'est le déménagement vers notre nouveau plateau à Venoix. Au bout de quelques heures passées sur le plateau, je fais un malaise. Je ne suis plus que l'ombre de moi-même et mon corps dit stop. Je suis à nouveau en arrêt maladie et la médecine du travail me conseille et me donne les indications pour faire une demande de Congé Longue Maladie.

28 janvier 2011

Je suis reçue (à ma demande) par 2 personnes de la cellule écoute (médecin du travail et un RH). Après deux heures de discussion, on finalise le protocole d'accord suivant:

- demande en cours de CLM qui devrait être accordé pour 6 mois minimum dans un premier temps;
- reprise ensuite en mi-temps thérapeutique;
- avant la reprise, contact avec espace mobilité pour me trouver un poste de travail temporaire hors d'un plateau.

15 février 2011

Après l'expertise médicale du 8 février, le comité médical m'informe que mon dossier sera examiné le 10 mars avec un **avis favorable** de la part de l'expert.

25 février 2011

Le PDG Stéphane Richard est en visite à Caen pour l'inauguration des nouveaux plateaux de Caen Venoix. Je suis tellement outrée de ce que je lis dans le journal *Ouest-France* du lendemain que je décide de lui écrire pour lui expliquer ce que je vis par lettre recommandée avec AR le 28 février 2011.

1er avril 2011

Je reçois le courrier recommandé avec AR m'annonçant le refus de l'octroi du CLM. Cela veut dire qu'à la veille de mon départ en cure thermale à Néris-les-Bains, pour 3 semaines jusqu'au 23 avril, tout le protocole d'accord énoncé le 28 janvier tombe à l'eau. Le médecin du travail appelle en catastrophe le vendredi après-midi mon médecin traitant pour régulariser par un congé ordinaire de maladie jusqu'au 24 avril. Mais après le 24, que va-t-il advenir de moi ?

23 avril 2011

À mon retour de cure, j'ai un courrier de Stéphane Richard, le PDG, en réponse à mon courrier du 28 février, qui dit :

« Soucieux de la préoccupation de chacun, Mr Sté-

phane Richard a chargé l'équipe RH de vous accompagner personnellement.

Sachez que vous bénéficiez d'une attention particulière de l'ensemble de la structure, qu'il s'agisse des collaborateurs locaux ou des services spécifiques qui ont procédé à une analyse de votre situation.

Sachez que chacun s'accorde dans l'entreprise à souhaiter que vous puissiez recouvrer la santé et que les services sont à votre disposition, tant pour les aides pécuniaires que pour l'accompagnement médico-social dont vous pourriez bénéficier.

Je souhaite que nous partagions les mêmes valeurs que sont le respect et aussi la confiance qu'il convient d'avoir les uns envers les autres.

Je vous remercie de vous êtes exprimée de façon à ce que le contrat social soit pour tous et chacun une réalité concrète. »

Compte tenu de toutes ces promesses écrites, je m'attends, au minimum, à un mail du RH de proximité, cité dans le courrier, à une convocation de la médecine du travail… qui m'auraient indiqué que les choses étaient prises en compte et actées pour mon retour dans des conditions humaines. Mais rien.

J'ai donc passé le week-end de Pâques à cogiter, ruminer des idées noires. J'ai préparé un couteau de cuisine (30 cm de long) dans mon sac puis passé la nuit à écrire une lettre terminée vers 4 heures du matin à remettre au PDG.

5.
Le jour où ma vie a basculé

26 avril 2011

À 9 heures, j'arrive sur le parking, je me gare. J'ai une boule d'angoisse qui monte. Je n'ai rien mangé ce matin et très peu la veille au soir. Je passe par la grande porte vitrée avec mon badge et me dirige vers l'ascenseur pour me rendre au 4e étage. Une fois devant la porte d'entrée de mon plateau, j'ai la tête qui me tourne, une boule d'angoisse m'empêche de respirer et je m'effondre en larmes. Une collègue, que je ne connais pas, d'un plateau d'à côté, vient à mon secours et je lui demande d'aller chercher ma manager. En me voyant dans un sale état, elle m'emmène directement dans un bureau de coaching. Je lui demande à quelle heure je vois le médecin du travail. Réponse : jeudi à 14 heures. J'ai cru que c'était une plaisanterie. Qu'allais-je donc faire de ce matin 9 heures à jeudi après-midi ? Car j'étais là, certes présente physiquement mais j'étais déjà morte dans ma tête. Je n'étais que l'ombre de moi-même, un légume. Elle m'annonce en plus que ma position de travail n'ayant pas fonctionné depuis plus de 4 mois, elle est hors service, qu'il faudra faire une demande pour qu'un technicien vienne la reconnecter.

En sortant de ce bureau de coaching, je lui dis : « Très bien, je sais ce qu'il me reste à faire. » Je suis déjà à bout de forces et excédée par tout ce bastringue que je redoutais. J'interpelle deux de mes collègues : une élue CHSCT et un collègue à qui j'ai remis des enveloppes : une pour le CHSCT, une pour le PDG et une pour les médias. J'ai sorti mon couteau bien emballé dans un torchon et là je me lacère le bras gauche d'un premier coup. Le sang gicle, mon T-shirt est maculé de taches rouges, puis je prends mon élan pour finir la besogne et là, mes collègues, comprenant ce qui se passe, me ceinturent et empêchent le 2e coup qui aurait dû m'être fatal.

Voici le contenu de la lettre remise en 3 exemplaires qui s'adresse au PDG écrite à 3h50 ce matin-là :

Monsieur le Directeur,

Suite à votre lettre du 30 mars, que je n'ai pu lire que le samedi 23/04, à mon retour de cure thermale où j'ai tenté de soigner ma dépression pendant 3 semaines alors que la veille du départ le 01/04, je recevais des services RH le refus de prise en compte de ma demande de Congé Longue Maladie (dont j'ignore la raison d'ailleurs). Je vous informe tout de même que cette démarche m'avait été vivement recommandée par l'assistante sociale, ma manager, mon médecin traitant, la cellule écoute (dont un médecin du travail) qui s'accordaient tous à me dire que j'obtiendrais d'office :

- au minimum 6 mois (partant du principe qu'il fallait bien cela pour remonter la pente après 5 ans de dépression)

- une reprise avec mi-temps thérapeutique

- une reprise momentanée ailleurs que sur un plateau.

Résultat : avec le refus de l'octroi du CLM, je dois reprendre au bureau ce matin pour ne pas être en situation irrégulière :

- après 4 mois d'arrêt mais toujours dans un état dépressif épouvantable et dans un état de désespoir innommable

- sur un plateau sans que personne m'attende puisque aucun responsable ne m'a contactée que ce soit par courrier, téléphone ou mail (pour une entreprise de communication, c'est fort)

- je n'ai aucune convocation de la médecine du travail alors que je suis sensée être convoquée avant toute reprise

- sans savoir à quelle heure me présenter (avant d'être arrêtée, j'étais à temps partiel) et donc je n'ai aucun planning horaire)

- sans savoir quelle sera mon activité puisque la seule que j'étais capable d'assurer dans mon état a disparu depuis 2 à 3 mois.

- je me demande même si j'aurais encore ma position de travail, dans un « coin » du plateau que j'avais choisi (qui semblait être l'un des moins pire...)

Vous me dites dans votre courrier « avoir chargé l'équipe RH de m'accompagner personnellement », « que je bénéficie d'une attention particulière de l'ensemble de la structure ». Sachez qu'à ce jour, je n'ai aucune nouvelle de quiconque qui ait un rapport de près ou de loin avec la médecine du travail ou les RH.

Si cette lettre vous parvient, c'est que j'ai mis à exécution mon SUICIDE (mûrement réfléchi) car m'est insupportable l'idée de cette reprise dans de telles conditions inhumaines. Il semble que vos belles convictions sur le papier ne soient suivies d'aucun effet sur le terrain et que (je vous cite) « le contrat social soit pour tous et chacun une réalité concrète » : c'est juste dans vos discours. Quant au « partage des mêmes valeurs que sont le RESPECT et aussi la CONFIANCE qu'il convient d'avoir les uns envers les autres. », pour moi ce n'est que de l'utopie qui ne pourra jamais voir jour à France Télécom où il n'y a encore une fois que le profit qui compte. Où voyez-vous du RESPECT dans ce que je vis en ce moment et comment puis-je avoir CONFIANCE quand tout est fait en dépit du bon sens. Toutes vos convictions qui font rêver sur le papier n'ont aucune réalité dans les services, mais à mon avis vous ne le savez pas. La réalité est là.

Je vous déclare responsable de ce qui arrive aujourd'hui et vous devrez en assumer les conséquences vis-à-vis de ma fille Marine 7 ans et demi et de ma famille, qui auront tout fait pour me porter à bout de bras jusqu'au bout, mais là je suis à bout de forces pour lutter, après 29 ans et

6 jours (entrée le 20/04/1982) de bons et loyaux services dans votre entreprise.

Veuillez agréer, Monsieur le Directeur, mes salutations les plus désespérées.

Mlle PANNIER Béatrice

Un de mes collègues qui est pompier volontaire à la SNSM (Sauveteurs en Mer) sur la côte a appelé les secours avec des termes et un vocable très précis : TS. Je ne comprenais pas tout car j'étais dans un tel état de léthargie. Je me rappelle que plusieurs personnes se sont affairées autour de moi pour soigner le bras qui saignait, on m'a allongée par terre puis je me suis retrouvée sur un brancard. En entrant dans l'ambulance, le N+3 m'a demandée qui prévenir, j'ai donné les numéros de téléphone du père de ma fille et le numéro de mes parents qui étaient à Paris ce jour-là. Il les a appelés et mes parents sont venus directement de Paris à Caen au lieu de rentrer sur Mayenne. Après l'arrivée aux urgences du CHU, on m'a transférée dans l'après-midi dans un bâtiment voisin où apparemment sont reçues les tentatives de suicides avec un suivi psychologique et médicamenteux important. Le soir-même, j'ai vu que France 3 Normandie en a parlé sans mentionner mon nom. Et au journal de 20h, j'ai appris qu'un collègue de Mérignac s'était immolé par le feu ce même jour. Je suis restée hospitalisée plusieurs jours avant de pouvoir rentrer chez moi.

La lettre annonçant le refus du CLM m'a cassée en 100 morceaux. Et les circonstances dans lesquelles ont eu lieu mon retour le 26 avril, j'en ressors cassée en 1000 morceaux!

C'est l'occasion d'une remise en question totale avec des sentiments divers qui me hantent:

- je ne sers à rien, je suis une incapable, je suis bonne à rien;
- je n'ai plus confiance en moi, manque de concentration et de mémoire;
- je suis sous dépendance totale d'antidépresseurs et somnifères depuis des années, comment vais-je en sortir?
- quel travail vais-je exercer à mon retour du CLM d'autant que j'ai appris courant janvier que la seule activité que j'étais capable d'assumer a disparu?
- serai-je capable de retravailler en plateau?
- j'ai honte de dire que je travaille à France télécom;
- j'ai de la haine pour cette entreprise qui n'a de considération, ni pour moi, ni pour personne dans l'entreprise, sinon les actionnaires.

11 mai 2011

Je fais un mail à mon chef N+3 lui demandant à participer au CHSCT extraordinaire du 20 mai dont le thème sera de comprendre comment une personne en arrive là: à venir au travail avec un couteau et vouloir en finir. J'ai demandé à y participer car qui mieux que moi peut expliquer l'évolution de la spirale qui nous pousse à ce geste incompréhensible et surréaliste? Je vois cette réunion comme un moyen de tourner la page, et j'espère que les solutions apportées m'aideront à reprendre une vie normale après avoir pris le temps de me reconstruire car je suis brisée en 1000 morceaux et la reconstruction va être longue et dure, mais je me sens prêtre à relever le défi avec l'aide des solutions que l'entreprise va préconiser. J'en ai parlé à mon psy qui était très favorable à ma démarche qui pour lui signifiait la mise en marche dans ma tête du processus de guérison, ce qui était bon pour la suite de la thérapie.

20 mai 2011

Je suis amenée à m'exprimer devant une bonne vingtaine de personnes, certaines que je connais, d'autres pas. Je m'arme de courage pour ne pas craquer mais de toute façon, tout ce que j'ai à dire, je l'ai écrit et cela me facilitera la tâche.

Voici l'introduction de mon intervention :

J'ai demandé à être présente à cette réunion très importante à mes yeux car enfin, je vais pouvoir expliquer comment une femme de 48 ans, 29 ans de carrière à France Télécom, maman d'une enfant de 8 ans, vient un matin à son travail avec un couteau de 30 cm dans son sac pour en finir avec cette vie professionnelle qu'on me fait subir depuis 5 ans et qui font qu'un jour on décide d'en finir définitivement. Heureusement, le destin a décidé que mon heure n'était pas encore venue et cela fait que je suis là devant vous aujourd'hui, pour vous expliquer comment on peut en arriver là. J'ai d'ailleurs une pensée pour le collègue de Mérignac qui a eu le même souhait d'en finir, le même jour que moi, mais qui, malheureusement n'est plus là pour nous expliquer le pourquoi du comment.

2012

Il m'est octroyé un CLM rétroactif à compter du 14 décembre 2010. Au total, j'ai eu un CLM du 14 décembre 2010 au 13 décembre 2012, soit 2 ans. Cela n'a pas été reconnu comme accident du travail. Le 14 décembre 2012, il est décidé que je reprends le travail à temps partiel thérapeutique à compter du 7 janvier 2013.

2013

Le 7 janvier 2013, je reprends à 50 % les 3 premiers mois puis à 70 % les 3 mois suivants en mi-temps thérapeutique. Ensuite, j'ai repris à 100 %, mais j'avais négocié avec ma hiérarchie que je puisse écouler mes 25 CA de 2011 et 25 CA de 2012 en 1 journée par semaine pour alléger mes semaines de travail. Mais une fois tout ce reliquat de congés écoulé, travailler à 100 % m'était toujours impossible.

2014 / 2015

La médecine du travail m'a proposé un CLM fractionné à 80 %. Il a été accepté du 25 septembre 2014 au 25 mars 2015, puis prolongé de nouveau jusqu'au 24 septembre 2015.

27 juillet 2015

Je reviens de 3 semaines de cure thermale à Saujon (pour m'aider à diminuer mes médicaments). Ma responsable d'équipe est en congés, c'est donc l'autre responsable qui fait le planning sans tenir compte de ce qui était préconisé avec la médecine du travail. Cette personne a été particulièrement odieuse avec moi et j'ai vécu cette semaine de fin juillet dans un stress incroyable. L'humain ne fait pas partie de son vocable quotidien. On dira plutôt qu'elle a ses têtes. Je n'ai visiblement pas une tête qui lui revient et elle sait le faire sentir.

6 août 2015

Cette manageuse a encore semé la zizanie dans le service tous les jours suivants d'août. Vers 10h30, j'étais en pause au salon de repos avec mes collègues. Nous conversions sur ce comportement de chef hallucinant quand une élue CHSCT vient nous rejoindre au moment où je fais part de mes inquiétudes pour la rentrée de septembre, compte tenu de la réorganisation qu'elle veut nous imposer. Elle m'incendie assez violemment. S'en suit une agression verbale d'une telle violence que les collègues en restent interloqués. Étant particulièrement émotive et profondément inquiète, j'ai quitté les lieux en larmes et je me suis réfugiée aux toilettes dans lesquels je n'arrivais plus à respirer. Je décide de descendre au 3e étage au salon de repos où il y a un fauteuil relaxant mais je n'ai jamais pu y parvenir car je me suis écroulée par terre, le souffle coupé, n'arrivant plus à respirer, le cœur broyé comme dans un étau d'une tonne. L'alerte a été donnée, la médecine du travail avisée a appelé le SAMU car l'infirmière ne trouvait pas le pouls, et impossible de prendre la tension. Le SAMU m'a conduite aux urgences du CHU d'où je suis ressortie en fin d'après-midi après de multiples examens (électrocardiogramme, radio, prises de sang). C'est le corps qui dit stop. Je suis en arrêt jusqu'au 14 août, puis prolongation du 14 au 30 août, puis jusqu'au 23 septembre inclus. Le CLM fractionné est prolongé pour un an du 25 septembre 2015 au 24 septembre 2016. Ce second accident du travail ne sera toujours pas reconnu comme tel par l'entreprise.

6.
Après le second accident du travail

J'ai certes repris le travail mais avec la peur au ventre tous les matins, en me disant : « Qu'est-ce qui va encore me tomber dessus comme mauvaises nouvelles ? » Je suis à bout de forces. L'entreprise ne reconnaît pas ses torts dans cette descente aux enfers que je continue à subir, et je dois continuer à être en état de survie.

Je tiens à préciser qu'ABSOLUMENT RIEN n'a été mis en place de tout ce qui a été préconisé suite au CHSCT extraordinaire du 20 mai 2011 (à part le CLM fractionné). Depuis ma reprise le 7 janvier 2013, je n'ai pas repris une vie normale puisque je ne tiens le coup que grâce aux médicaments et à un emploi du temps allégé (CLM fractionné). Je suis malheureusement victime de rechutes régulières avec deux à trois semaines d'arrêt pour reprendre le dessus. Mais cela ne peut continuer comme cela, d'autant que je n'ai que

52 ans et que je ne sais pas si mon état de santé tiendra jusqu'à mon départ en retraite tant ma santé s'est dégradée. De plus, je regrette bien que ma fille de 12 ans et demi ait, elle aussi, subi le contre coup de tous ces évènements des 5 dernières années. Cela m'est intolérable.

2016

Au fil des mois, mon état de santé ne s'améliore pas. Je suis en CLM fractionné à 80 %, avec 2 demi-journées de repos par semaine, mais la médecine du travail se rend à l'évidence et à compter du 25 septembre 2016, mon CLM est réduit à 60 %, soit une journée complète et 4 demi-journées de travail. L'angoisse monte quand est évoqué de plus en plus fréquemment ce qui va se passer en 2017, à savoir: des services d'Orange sur Caen vont fermer, les collègues vont devoir venir travailler sur le site de Venoix et tous les étages vont être réorganisés afin que notre plateau de 70 positions de travail se retrouvent occupés par 70 salariés. Le problème est que ces deux dernières années, quand je voyais les collègues partir en retraite, cela rendait nos conditions de travail plus calmes et humaines, donc plus en adéquation avec mon état de santé, mais cette période d'accalmie n'aura été que de courte durée, puisque le changement s'annonçait pour la rentrée de septembre 2017.

Janvier 2017

J'ai un suivi régulier avec la médecine du travail. Voici les préconisations qu'elle comptait mettre en place en vue de ce réaménagement de plateau : Une place sera prévue par le médecin du travail en bout de plateau avec un mur et une fenêtre et ainsi éviter les allées de passage et des séances de coaching seront prévues pour me préparer aux nouvelles conditions de travail.

Été 2017

Aucun choix de place préconisée puisque place imposée d'office au milieu du service avec un seul mur (pas de fenêtre) et du monde tout autour et le CLM fractionné à renouveler pour septembre, préconisé à 50 % au lieu de 60 %.

Novembre 2017

L'aménagement du plateau se fait progressivement courant septembre et octobre (heureusement que j'avais prévu ma cure thermale du 20 septembre au 15 octobre). J'ai repris le travail, très angoissée. Arrivent les vacances de la Toussaint. Je refais un point avec la médecine du travail courant novembre :

- CLM fractionné à 50 % mis en place à mon retour de cure thermale ;
- toujours pas eu de séances de coaching ;
- obligée de poser 2 congés annuels ou RTT par semaine pour tenir car plateau trop bruyant ;
- demande à bénéficier d'une place libre au fond du plateau à côté du bureau de la manageuse de l'autre

équipe et du photocopieur, ainsi avec 2 murs et moins de passage ;

- signale que les cloisons entre les services n'ont aucun effet sur le bruit puisque ce ne sont pas les cloisons anti-bruit annoncées.

Malgré la demande du N+2 réclamant aux managers de chaque service de faire remonter ce qui n'allait pas (et les remontées étaient nombreuses, car tout a été fait en dépit du bon sens), tout est resté comme lettre morte tout le mois de novembre, tout le mois de décembre. Avant les congés de Noël, je croise le N+2 au salon de repos à qui je demande quand est-ce que nous aurons des réponses à nos demandes. La réponse est laconique : « Là, ce sont les congés de fin d'année, je pense vers la fin janvier. » Je lui ai répondu : « Je ne crois pas que je tiendrai jusque-là. » Mais cette phrase ne l'a pas interpellé plus que cela. Comme on doit poser les congés des mois à l'avance, je n'avais rien prévu comme jours car je n'en avais pas besoin pour les fêtes. Je pouvais encore moins poser de jours à la dernière minute comme je l'avais fait ces dernières semaines. Me sentant à bout de forces, est arrivé ce qui devait arriver le vendredi 5 janvier 2018 : mon corps a dit STOP pour la 3e fois.

5 janvier 2018

C'est le retour de vacances de Noël de quelques collègues. Certaines sont venues dire bonjour et souhaiter la bonne année à d'autres. Une personne en particulier, qui a ce que l'on pourrait appeler un verbe HAUT, est venue à 8h45 raconter ses vacances à Disney avec moult détails aux collègues du pétale 1m derrière moi. Le groupe s'est densifié avec les arrivées de 9h00 donc s'en est suivi un brouhaha jusqu'à 9h15 avec une avalanche de détails plus drôles les uns que les autres qui amusaient la galerie, sachant d'autant plus que cette personne aime particulièrement se mettre en avant et avoir du public devant elle.

Mais pour moi qui ne cherchais qu'à me concentrer sur mon travail, c'est devenu insoutenable. Il faut que vous sachiez de plus que cette personne allait venir travailler dans mon service courant janvier définitivement et que l'info nous avait été communiquée une semaine plus tôt, ce qui pour moi était une très mauvaise nouvelle qui m'a angoissée du 24 décembre au 5 janvier car ses passages dans le service durant 15 minutes étaient supportables en temps normal mais imaginer ce brouhaha qui allait devenir du 8h par jour, c'est plus qu'insupportable pour ma part.

Donc je me rappelle avoir eu une violente crise d'angoisse à un moment où j'ai eu la prise de conscience suivante: « Voilà ce qui t'attend quand cette collègue sera là en permanence, ce sera ton quotidien permanent. » D'autres collègues se sont plaintes du bruit, mais pas de chef à cette heure-là et personne n'a osé lui dire de se taire. Mon sang n'a fait qu'un tour et je n'ai plus senti mes jambes, mon cœur battait à tout rompre, ma tête ne savait plus où j'étais, je n'arrivais plus à voir mes ordinateurs… Je ne pouvais pas me lever pour alerter qui que ce soit. C'est finalement un collègue qui passait pour dire bonjour qui m'a vue au plus mal, a alerté un manager qui venait d'arriver également et m'a aidée à descendre au RDC à la médecine du travail. Je tenais à peine debout, la tête me tournait.

L'infirmière m'a installée sur un fauteuil pour que je reprenne mes esprits. Elle m'a pris ma tension qui était montée à 17. La médecin du travail vient me voir entre deux rendez-vous et nous faisons le point :

- voir ce qu'il en est de ma demande pour occuper la place près du photocopieur ;
- préconisation de me mettre dans un bureau à part avec une autre collègue en difficulté comme moi ;
- ou préconisation d'un bureau de retrait où je peux travailler dans le calme en cas de bruit ;
- ou rester à ma place avec PERSONNE à côté ou un collègue qui n'est là qu'un jour par semaine et partant en retraite fin 2018 ;
- préconisation d'achat de casques spécifiques agréés (coût élevé et à ne pas porter plus de 4 h d'affilée) ;
- changement des cloisons anti-bruit inter-services en cloisons pleines qui arrêtent le bruit ;
- informations des salariés sur les dommages du bruit sur la santé.

22 février 2018

J'ai une visite de reprise après 6 semaines et demi d'arrêt. De tous les points évoqués plus haut, rien n'a avancé donc est décidée la prolongation.

Par ailleurs, je décide d'avancer ma cure thermale à

Saujon au mois de mai car ma santé ne pourra attendre octobre, je souhaite demander du télétravail sur 2 à 3 jours par semaine, j'ai déjà préparé la pièce pour l'installation du matériel.

9 mars 2018

La médecine du travail me convoque pour me faire 2 propositions :

1/ Le préventeur, venu de Tours à Caen pour une visite, a tout de suite vu en moins d'une minute ce qui pouvait être fait : ce que j'avais demandé début novembre. Si cela avait été appliqué immédiatement, je n'aurais pas connu cette descente aux enfers de ma santé m'obligeant à poser 2 CA ou RTT par semaine pour tenir bon le rythme. Que de gâchis !

2/ Elle me parle de l'ARHIM : organisme en partenariat avec Orange qui propose un suivi psychologique et des séances de coaching avec quelques unes qui seraient mises en place pour me préparer à la reprise.

Enfin l'entreprise semble proposer des solutions… qui resteront lettre morte.

16 avril 2018

Rien n'a été encore fait concernant l'aménagement de ma place alors que je suis censée reprendre le 20 avril. Elle m'annonce que le protocole avec l'ARHIM ne se mettra en place qu'une fois que j'aurais repris. (le contraire m'était annoncé le 9 mars). Au bout d'une heure d'entretien, la médecin du travail reconnaît *qu'elle avait sous-estimé la gravité de mon état psycho-*

logique. Elle me dit ne pas être psy et que mon cas ne relève plus de la médecine du travail mais du comité médical ! Elle clôt l'entretien en me disant qu'elle ne veut me revoir que quand je serai apte à reprendre le travail.

Résultat : prolongation de l'arrêt.

Du 7 au 26 mai 2018

Je pars faire ma cure thermale à Saujon.

26 juillet 2018

Je passe en commission de réforme (à Paris) pour décider de la reconnaissance en accident du travail ou pas. Après une énumération des faits, je continue avec les questions que je me pose :

- Comment expliquez-vous le fait que, bien que reconnue RQTH le 27 septembre 2017, et en ayant informé l'entreprise, *il n'en ait jamais été tenu compte pour me trouver des conditions de travail en adéquation avec mon état de santé ?*

- Suite à mon hospitalisation aux Urgences du 28 février au 2 mars 2018 au CHU puis l'EPSM, j'ai été reçue par 1 généraliste + 3 psychiatres qui à la connaissance de mon historique m'ont informée chacun à leur façon que *j'avais des conditions de travail qui me mettaient GRAVEMENT EN DANGER et que l'entreprise en agissant de la sorte avait de graves manquements face à la salariée que je suis. Que dois-je faire d'autres pour qu'on reconnaisse la gravité des choses et que l'entreprise agisse enfin ?*

Je souhaite attirer votre attention sur le fait que ma vie a basculé le funeste jour du 26 avril 2011 et que depuis, elle est devenue un incommensurable désastre qui se répercute sur tous les pans de ma vie. Je ne suis plus que l'ombre de moi-même. Je vis depuis cette date en état de survie, les rechutes se succédant année après année, et cela ne peut plus durer.

Depuis 6 mois, je ne peux plus me rendre dans des lieux de rassemblement (spectacles, faire la queue dans une file d'attente) car je ne supporte plus les cris, les mouvements de foule… Je fais maintenant mes courses le matin et quand je vais au cinéma j'y vais à la séance de 11h en semaine afin d'éviter le monde. Est-ce une vie à long terme ?

J'attends le jour où enfin on reconnaîtra mon état de santé à sa juste valeur et où l'entreprise prendra les décisions en adéquation avec cet état de santé.

Je suis à bout de forces. Vais-je devoir prendre à vie un traitement antidépresseur et des somnifères, continuer à lutter contre une hiérarchie qui semble écouter mais n'entend rien ? Continuer à survivre, est-ce une vie ?

Par ailleurs, tous mes arrêts maladie ont des conséquences sur mon avenir. Moi qui pouvais bénéficier de la carrière longue, je pouvais partir à la retraite à 60 ans ; or, j'en perds le bénéfice donc la retraite s'annonce dans un grand nombre d'années. Et ma carrière est anéantie du fait que dans mon service tous mes collègues sont passés 2-3 et que je ne pourrais jamais me présenter à cette promo du fait de mon historique médical.

Deuxième partie
Le procès

En 2019, je prépare ce procès comme un marathon, surtout côté psychologique car cela va être une grosse épreuve à surmonter et surtout très longue (2 mois et demi). Je consulte une neurothérapeuthe mi-mars et mon magnétiseur fin mars. J'avance ma cure thermale en avril, ainsi je serai reposée et regonflée à bloc pour cette nouvelle aventure qui s'offre à moi. Pour moi, ce procès revêt la possibilité enfin d'avoir la perspective qu'avec la condamnation et la réparation, ce soit l'occasion de tourner la page de cette décennie de souffrances.

Au fur et à mesure que la date approche, je me dis qu'il faut profiter de cette médiatisation du procès pour faire avancer les choses :

- le 23 avril 2019, j'écris une lettre ouverte à Agnès Buzyn, que je poste ce jour symbolique du mardi de Pâques, jour de ma tentative de suicide en 2011 ;
- je crée une page Facebook[1] dédiée à un combat que j'ai décidé de mener en parallèle du procès ;
- je prépare une lettre ouverte à Didier Lombard que j'espère lire le jour d'ouverture du procès ;
- je prépare tout un attirail pour me faire remarquer le Jour J : un chapeau noir avec écrit sur du papier

1. www.facebook.com/burnoutlecombatdemavie

orange « PLUS JAMAIS ÇA » et ma lettre ouverte imprimée sur du carton que je porte autour du cou.

Par ailleurs, les médias annoncent déjà les peines maximales encourues, à savoir, 1 an de prison, 15 000 euros d'amende pour les 7 prévenus et 75 000 euros d'amende pour France Télécom. Bien maigre punition pour autant de familles détruites.

Que de gâchis et que de vies gâchées ! Il faut que ça s'arrête !

1.
Première semaine du procès

Vous avez pu découvrir le premier jour du procès dans le préambule. Je vous propose de vous emmener en immersion totale au fil des audiences avec des moments forts comme le jour de ma comparution à la barre, les plaidoiries, le réquisitoire et le dernier jour de clôture.

*

BFMTV m'a contactée en fin de semaine afin de m'inviter sur le plateau de l'émission « Affaire Suivante » traitant de l'actualité judiciaire de la semaine en direct de 13h à 14h. Avec l'ouverture du procès Lombard, l'émission allait en faire écho ce dimanche 12 mai. J'ai appris que Raphaël Louvradoux, le fils aîné de mon collègue Rémy Louvradoux serait également présent. Tout est bien organisé avec l'envoi du billet de train aller-retour par mail et un chauffeur qui m'attend à la gare et qui m'emmène directement aux studios de BFMTV dans le 15e arrondissement.

En arrivant sur les lieux, Tony, que j'avais eu par téléphone et par mail, me reçoit et m'accompagne dans un petit hall d'accueil très cosy où l'effervescence est à son comble car est attendue Marine Le Pen, l'invitée de l'émission politique qui précède de 12h à 13h dans un studio voisin. À proximité, se trouve une salle de maquillage où trois maquilleuses sont chargées de nous embellir pour passer à la télé, et ceux pour plusieurs chaînes confondues.

Le journaliste Philippe Gaudin vient me saluer et discuter afin de faire plus ample connaissance. Raphaël arrive et me raconte les audiences de la semaine auxquelles il a pu assister. L'émission commence par deux autres sujets ce qui fait que nous n'interviendrons que vers 13h30. On nous installe tout le matériel qui va avec le micro et on nous fait entrer sur le plateau. Le décor, comme dans un tribunal est très impressionnant. Le quota de temps qui est destiné à nos interventions est de 18 minutes donc autant dire qu'il n'y a pas eu le temps de dire grand-chose.

Une fois l'émission terminée, les journalistes Philippe Gaudin et Dominique Rizet viennent débriefer avec nous. Je leur parle de mon combat contre le burn out sur Facebook, de ma lettre ouverte à Agnès Buzyn et Dominique Rizet me suggère d'alerter par un mail tous les candidats aux élections européennes dans deux semaines, en leur demandant quelles sont leurs intentions sur ce sujet de société très grave. Je trouve l'idée géniale et je m'y attèle le soir-même en rentrant de Paris. Pour info, un jour arrivera dans mon courrier par la poste une lettre estampillée de l'Assemblée Nationale : c'était Nicolas Dupont-Aignant qui répondait directement à ma lettre. Je vous le donne en mille : ce fut la seule et unique réponse que j'ai reçue sur 34 !

2.
Ma première audience
(mardi 21 mai 2019)

L'audience commence à 13h30 avec l'étude de documents sur écran géant dont un intitulé « Crash Programme-Contribution RH aux objectifs du groupe », puis d'autres documents en relation avec la mission « Intérim Développement », dévolue à Jacques Moulin (ancien directeur territorial de l'Est de la France à France Télécom), l'un des prévenus.

Olivier Barberot, ex-DRH de France Télécom, est appelé à la barre mais semble frappé d'amnésie, signifiant que cela remonte à plus de 10 ans. Le « Crash programme » a connu plusieurs versions, pour soi-disant optimiser l'organisation du travail. Mais M. Barberot lâche lamentablement : « *C'est un document qui a été élaboré par mon équipe dont je n'ai pas eu connaissance.* » La version finale porte pourtant sa signature : « *J'ai probablement présenté ce document au COMEX, je suppose* ».

Didier Lombard essaie de venir à son aide : « *Il est impossible qu'un document de cette taille ait été présenté au COMEX. Barberot, il avait 2 minutes et 2 slides maximum pour les sujets RH.* » Ahurissant, car en effet, deux minutes pour les Ressources Humaines alors que l'entreprise traverse une telle crise sans précédent, cela semble peu, c'est le moins que l'on puisse dire.

Mais au fait, que veut dire : « Crash programme » ? Nous apprenons que « Crash » est un mot courant dans le monde industriel, et que ce mot ne signifie pas un terrible accident, mais « *l'idée qu'un projet doit aboutir dans les délais* ».

C'est ensuite au dandy de l'équipe des prévenus, Jacques Moulin, de passer à la barre. Un homme toujours fringant, élégant, la coiffure impeccable. Quand il arrive à la barre, on a l'impression qu'il entre en scène pour déclamer une pièce de théâtre avec la gestuelle qui va avec. Il va ainsi nous raconter comment le programme « *intérim développement* » allait pouvoir « *impulser une déstabilisation positive des populations sédentarisées* ». À un moment, il s'enflamme tant que son avocat vient le remettre à sa place et amène Pierre-Louis Wenes à intervenir en affirmant : « *Se soumettre ou se démettre, il n'y a pas d'autre option.* »

Après la suspension d'audience, Nabyl Beldjoudi, syndicaliste CFDT, témoigne à la barre et lui succède François Cochet, membre du cabinet SECAFI. Il a réalisé plusieurs expertises pour différents CHSCT de l'entreprise entre 2006 et 2010. Aucune des préconisations du cabinet SECAFI n'ont été prises au sérieux et suivies d'effet.

3.
Télé Matin et audience (mardi 11 juin 2019)

Journée à Paris qui s'annonce bien remplie puisque j'ai RDV à 10h30 au Cabinet Stimulus pour enregistrer une interview pour *Télé Matin* avec Brigitte-Fanny Cohen et Dr Légeron. Mon train est arrivé avec 55 minutes de retard (10 mn au départ + 45 mn d'arrêt en pleine nature bucolique certes, mais au milieu de nulle part). Vive la SNCF ! Quand je suis enfin arrivée au RDV, le Dr Légeron était en interview dans son bureau. Quand il en sort, il vient me saluer et se rappelle parfaitement de notre rencontre à la conférence à Royan le 29 septembre 2017 (j'en parlerai plus tard). Je lui raconte ce que je suis devenue.

Nous entrons dans un autre bureau où Brigitte-Fanny et le cameraman préparent le décor de mon intervention. Nous faisons quelques photos souvenirs.

L'interview commence. À chacune des questions, on

refait la prise 2 ou 3 fois car je suis trop longue. Ensuite, ils font quelques prises de vue avec les articles parus sur moi afin d'illustrer le reportage. Comme je me rends ensuite au tribunal de Paris pour le procès, le cameraman viendra avec moi pour faire des prises de vue sur place, à l'entrée du tribunal et de la salle d'audience. Le reportage sera diffusé le 8 juillet 2019.

Quand j'entre dans la salle d'audience, un premier témoin est à la barre : un élu CFDT du Comité national d'hygiène, de sécurité et des conditions de travail de la région Sud Est. Je retiens particulièrement sa phrase : « *Être empêché de faire du travail de qualité* ». Cette phrase résume on ne peut mieux ce que nous avons vécu dans l'entreprise à tous les niveaux.

Le deuxième témoin de cette journée nous emmènera dans les méandres de l'organisation du questionnaire Technologia. C'est une dame, consultante parmi les 30 recrutés pour cette enquête. Il faut savoir que 80 000 salariés ont répondu, ce qui est énorme sur 100 000. Il y a eu ensuite 1 000 entretiens avec les 30 consultants répartis en 4 équipes. En moyenne 80 personnes ont été entendues dans 15 villes de France sur 19 sites différents entre janvier et mi-mars 2010. Pour un consultant, il est très éprouvant de constater que le travail rend gravement malade. Et je retiens quelques phrases fortes : « ampleur de la souffrance collective » ; « climat de peur d'être le prochain » ; « jusqu'où je peux tenir encore » ; « dépossession du champs d'action des managers ».

4.
Conviée à la barre
(jeudi 27 juin 2019)

Le 27 juin fut le jour de l'audience (entre autres) du suicide de Rémy Louvradoux, collègue de Mérignac qui s'est immolé par le feu le matin de ce funeste 26 avril 2011, jour où j'ai moi aussi attenté à ma vie sur mon lieu de travail à Caen.

Contre toute attente, après moult rebondissements ces derniers jours, j'ai su mardi 25 juin à 20h30 par un mail de Maître Sylvie Topaloff que si je souhaitais être entendue à la barre le 27 juin, la présidente du tribunal m'en donnait l'occasion suite à ma demande le 1er jour du procès.

En effet, j'ai découvert les rouages de la justice française tout au long de ce procès. Pour être entendue officiellement dans ce procès, il aurait fallu que, de mon lit d'hôpital, alors que j'étais au fin fond du trou, en plein désespoir, j'aie la présence d'esprit d'aller porter plainte.

Je peux vous dire que, pour ma famille et moi, la priorité était que je me sorte de cette descente aux enfers, que je survive pour ma fille Marine qui avait 8 ans à l'époque. Et personne de l'entreprise n'est venu me dire quels étaient mes droits en rapport avec la gravité de ce qui s'était passé. C'est donc 8 ans après que mon avocate Maître Topaloff, dans les premières semaines du procès, m'informe qu'il y avait peu de chance que je sois entendue car tous les autres dossiers avaient subi des enquêtes policières et juridiques durant ces 8 dernières années. Dont acte, j'encaisse la nouvelle et j'en fais mon deuil.

Donc ce mail aussi inattendu qu'inespéré me montre que je vais avoir droit à la parole et je vous garantis que cela n'a pas de prix. Elle me dit de préparer un texte écrit qu'elle doit valider. Je m'y attelle dès 20h45 et je lui poste mon texte un peu avant 1 heure du matin le mercredi. Elle me le renvoie dans la matinée avec quelques corrections et quelques phrases à supprimer. Elle me dit : « *Tout le reste me va.* »

Alors que la canicule opère un réchauffement de Paris au bord de l'asphyxie, j'arrive pour 13h au Tribunal, heureusement bien climatisé.

L'audience s'ouvre avec la famille Louvradoux dont les 4 enfants et l'épouse sont présents au premier rang. C'est Noémie, la cadette, qui parlera au nom de sa famille et son témoignage est fort. Il faut avouer que cela me remue, d'autant plus que je retrouve des parallèles avec ce que j'ai vécu ce même jour et les années précédentes. Elle nous explique le papa d'avant, le papa qui souffre au travail et surtout la vie d'après où chacun a sa vie brisée et d'innombrables séquelles en matière de problèmes de santé (qui partagent mon quotidien). Par moment sa voix s'étrangle, elle prend un mouchoir, boit une gorgée d'eau et continue son récit. Dans la salle comble, nous sommes nombreux à craquer, le mouchoir à la main. Toute cette souffrance est palpable. Il n'y a que les prévenus qui restent stoïques, comme blasés, ne se sentant à aucun moment responsable de toutes ces vies brisées. C'est effarant tant de froideur de leur part.

Un monsieur, autre partie civile, qui a témoigné quelques jours plus tôt s'effondre dans la salle. La présidente suspend l'audience pour 30 minutes. Mais quand on s'approche de la salle pour y revenir, plusieurs policiers en interdisent l'accès pendant encore 20 minutes. J'ai tellement eu peur que l'audience du jour soit terminée que je n'en menais pas large. Finalement, une fois réinstallés dans la salle, la présidente me demande de venir à la barre.

Heureusement, j'ai mon support écrit qui me permet de tenir le cap, car je dois bien avouer qu'au bout de quelques paragraphes, ma gorge se noue, les larmes montent et des sanglots d'angoisse jaillissent. Je sors un mouchoir de mon pantalon, je prends une respiration et je continue mon récit. J'avais mis en gras les mots sur lesquels j'appuyais le ton et j'avais mis en rouge les endroits où je tournais la tête vers Didier Lombard comme si je m'adressais à lui (il était à un mètre de moi). Il me semblait par moment ailleurs, parfois, je soutenais son regard quelques instants.

Voici le début de mon intervention :

Madame la Présidente,

Je vous remercie d'avoir accepté de m'entendre lors de ce procès comme je vous l'avais demandé lors de l'ouverture car j'espère bien à l'issue de ce procès pouvoir enfin entamer un processus de guérison.

Permettez moi de commencer par citer Sophocle qui disait : « Aie du courage. Quand tu dis la vérité, tu ne fais pas d'erreur ». C'est une citation qui m'inspire car je ne vous cache pas qu'il en faut du courage pour témoigner devant vous tous, de ce qui a détruit ma vie et brisé ma famille, qui est LA vérité certes, mais tellement inhumaine.

Madame la Présidente, tout ce que je vais maintenant partager avec vous, j'en ai pesé chaque mot et il est clair que c'est la souffrance qui dominera tout mon témoignage.

À vous de prendre conscience de l'enfer que j'ai vécu mais aussi combien d'autres salariés sur toute la France…

Et voici la fin de mon intervention :

J'espère, Monsieur Didier Lombard, qu'à travers mon témoignage, vous aurez compris l'enfer que j'ai vécu à cause de votre politique et lu dans mes yeux la souffrance et le désespoir qui m'habitent encore 10 ans après.

J'espère que ce procès historique, hors norme que nous vivons va éveiller les consciences en haut lieu pour qu'on puisse enfin dire : « PLUS JAMAIS ÇA » et ce sera mon dernier mot, Madame la présidente.

Merci.

Elle me remercie pour ce témoignage « *très fort* ». Je me tourne vers mon avocate qui a ses mains sur son nez et sa bouche et les yeux fermés. Elle a l'air sous le choc.

Je retourne m'asseoir au banc des parties civiles et Maître Topaloff vient me réconforter et me dit que mon témoignage, je l'ai fait vivre en le disant, ce qui l'a beaucoup émue, car en fait, elle l'avait déjà lu et validé. Elle me dit : « *J'espère que cela ne va pas vous faire re-sombrer* » et je lui réponds : « *Ne vous inquiétez pas, Maître, vous n'imaginez pas comment ces larmes m'ont libéré d'une chape de plomb qui me polluait la vie depuis si longtemps, je ne me suis jamais sentie aussi légère.* » Elle me dit : « *Rentrez bien et prenez soin de vous.* »

J'ai pris le bus et je suis rentrée très tard à cause d'une déviation sur l'A13 qui a prolongé le trajet d'une heure. Le lendemain, je découvre un mail qui m'a fait beaucoup de bien de la part de Maître Topaloff. En voici quelques phrases fortes : « *Vous avez été très courageuse et bouleversante. J'espère que le courage dont vous avez fait preuve vous donnera un peu d'optimisme pour l'avenir. Il faut mettre tout cela derrière vous désormais et rebondir. Vous avez témoigné d'une vraie force. Sachez l'utiliser au mieux. Je vous ai beaucoup admirée aujourd'hui. Je vous souhaite plein de belles choses. Je suis sûre avec des témoignages comme le votre que nous allons gagner.* » J'avoue que ce sont des phrases très fortes, très rassurantes et ô combien libératrices.

C'est vrai qu'en cette journée du 27 juin, les témoignages ont été forts et j'espère que cela fera basculer dans le bon sens le verdict du procès.

5.
Les plaidoiries des avocats des parties civiles (2-4 juillet 2019)

Mardi 2 juillet 2019

Les premières plaidoiries ont commencé ce matin à 9h30 pour finir vers 17h. Dix avocats ont plaidé pour les parties civiles d'une durée de 15 à 40 minutes selon le cas. Voici un florilège des phrases fortes que j'ai retenu de cette journée et qui en disent long sur le vécu des salariés pendant la période 2007/2010 : « *Adapter le travail à l'homme et non l'homme au travail.* » ; « *Les projets d'aujourd'hui sont les conditions de travail de demain* » ; « *M. X, ce n'est pas un chiffre, un pourcentage mais un ÊTRE HUMAIN* » ; « *Souffrance au travail ordonnée par le HAUT* » ; « *France Télécom est une tragédie* » ; « *La politique de l'entreprise est devenue une GUERRE dont les fonctionnaires étaient la variable d'ajustement* » ; « *Ce procès c'est 39 suicides mais des milliers de vies broyées* » ; « *Un suicidé qui survit n'est pas un mort physique mais un mort psychologique* » ; « *Article L. 4121-1 du Code du travail : l'employeur prend les mesures nécessaires pour assurer la sécurité et protéger la santé physique et mentale des travailleurs* » ; « *Cellule écoute : FOUTAISE !* » ; « *Constat d'une souffrance terrible qui a conduit des salariés au suicide* » ; « *Le sentiment des prévenus d'avoir BIEN FAIT pour sauver l'entreprise au bord de la faillite* » ; « *Il avait un poste ne correspondant ni à son grade, ni à ses compétences* » ; « *ÉCHEC de l'HUMAIN dans l'entreprise* » ; « *Mettre les gens à la porte de gré ou de force* » ; « *La présidente du Tribunal devra faire le tri entre les causes, les conséquences et les procédés* » ; « *MANAGEMENT AGRESSIF* ».

Je vous garde le meilleur pour la fin quand les avocats évoquent Didier Lombard : « *Il s'excuse du langage employé mais pas de ses actions managériales* » ; « *Les bourdes de Didier Lombard* » ; « *Maladresses de langage* » ; « *Un verbiage extraordinaire* ».

Jeudi 4 juillet 2019

C'est le dernier jour des plaidoiries des avocats des parties civiles qui vont se clore avec tout l'après-midi les plaidoiries en alternance de Maître Teysonnière et Maître Topaloff. En évoquant tous les cas qu'ils ont défendus, voici un florilège de leurs déclarations : « *Ces suicides et tentatives de suicide sont des indices et révélateurs des conditions de travail* » ; « *C'est un dernier hommage à ceux qui sont allés à l'extrême* » ; « *Pourquoi choisir de mourir pour son travail* » ; « *Si mon suicide pouvait servir à quelque chose* » ; « *Juridiquement, nous n'avons pas tort et moralement, nous avons raison* » ; « *Il aurait fallu être prudent, attentif* » ; « *Mr Lombard est un gaffeur invétéré* » ; « *Qui peut travailler sans reconnaissance* » ; « *Ce plan était-il aussi vertueux qu'on veut nous le montrer ?* » ; « *L'apparence en vertu, le vice en embuscade* » ; « *Un volontariat sous la contrainte, est-ce du volontariat ?* » ; « *Pourquoi n'a-t-on rien fait pour entendre, écouter et voir ce qui se passait dans l'entreprise ?* » ; « *Il faut que l'environnement professionnel ne devienne plus une cause de désespoir* » ; « *Un immense accident du travail organisé par l'employeur, voilà la définition du harcèlement moral systémique* » ; « *La violence est un fil rouge dans ce dossier* » ; « *Ce qui est le plus frappant, c'est l'aveuglement volontaire de la tête de l'entreprise et plus encore de Monsieur Lombard. Nous l'avons compris dans les débats, le PDG de l'entreprise s'occupait uniquement de la stratégie générale de France Télécom, pour le reste, tout était délégué* » ; « *Didier Lombard n'est pas joignable, ni par mail, ni par téléphone. Il y a des personnes qui sont affectées à ces tâches et tout le monde se renvoie les responsabilités.* »

Il faut reconnaître que ces 3 jours de plaidoiries ont été un « melting pot » de tout ce qui ressort de ces 11 semaines de procès. Par le professionnalisme, l'éloquence, la répartie de certains avocats, je dois bien admettre que je me suis régalée à les écouter, mais avec le grand final de Maître Sylvie Topaloff, on a assisté à de la plaidoirie de haute volée qui fait du bien au moral. Merci, Maître, pour votre professionnalisme, votre empathie et votre gentillesse à mon égard, mais aussi à l'égard des autres parties civiles que vous défendiez.

6.
Les réquisitions des procureures (vendredi 5 juillet 2019)

C'était le grand jour des réquisitions, c'est-à-dire que de 13h45 à 19h45, au Tribunal de Paris, deux procureures de la République ont eu la charge de nous faire part de leurs conclusions après 11 semaines de procès.

Rappelez-vous qu'avant le début du procès, il était annoncé que les 7 prévenus encouraient : 15 000 euros d'amende chacun, 1 an de prison pour chacun, France Télécom 75 000 euros d'amende, ce qui, il faut bien l'admettre a bien fait rire sous cape la France et les médias.

Rappelez-vous aussi qu'avant le procès, il était annoncé que nous allions vivre : un PROCES HISTORIQUE, LE PROCES DU SIECLE, un PROCES HORS NORME, un PROCES EXEMPLAIRE, du JAMAIS VU NULLE PART.

À cette époque, que ce soit les salariés de l'entreprise, les médias et la France, nous n'avions connaissance que de la partie ÉMERGÉE (donc connue du public) de l'iceberg. Au fur et à mesure des 9 audiences auxquelles j'ai assisté, cela a permis d'entrer dans les entrailles, les méandres, les coulisses, d'une politique d'entreprise au dessein plus que destructeur de devoir « DÉGAGER 22 000 SALARIES PAR LA PORTE OU PAR LA FENÊTRE ».

D'entendre les témoignages des collègues ayant comme moi attenté à leurs jours, les témoignages des familles endeuillées par le suicide d'un père ou d'une mère, fils ou fille, frère ou sœur, les témoins qui entraient plus profondément dans les détails de ces plans diaboliques NEXT ET ACT, j'ai donc pu découvrir l'immense partie immergée de l'iceberg qui s'est révélée être hallucinante, inhumaine, machiavélique et que nous, salariés étions bien loin d'imaginer.

Donc au fur et à mesure que les procureures déroulent un résumé ultra détaillé, ultra documenté avec à l'appui des preuves irréfutables, étant donné le contenu tellement à charge envers les prévenus qui, je dois dire, en ont pris plein la tête car ces deux dames n'ont pas mâché leurs mots, et étant donné le procès historique que nous vivions avec la découverte de cette IGNOBLE face immergée qui se révélait à tous, je n'ai pensé qu'à une chose, bien naïvement: les compteurs des peines encourues allaient se multiplier par 2, 3, 5 ou 10 car pour un procès hors norme, il fallait des peines hors norme, historiques et du jamais vu, **car il fallait**

que ce procès soit on ne peut plus dissuasif pour les entreprises qui agissent de la même manière.

D'autant plus que pendant 6 heures, nous avons entendu parler de millions et milliards d'euros de CASH FLOW, de bénéfices, de dividendes en veux-tu en voilà.

Je vous propose un florilège de phrases bien senties de la part des deux procureures : « *Éprouver de la tristesse mais pas de regrets* » ; « *Il suffit de mettre la pression partout et le maximum partiront* » ; « *L'habillage d'un côté, la réalité de l'autre* » ; « *Le harcèlement est intentionnel* » ; « *C'est le business qui commande* » ; « *La vérité vous dérange* » (en s'adressant aux prévenus) ; « *Les plans sont mis en place TROP rapidement, en précipitation, sans préparation* » ; « *Le verbiage extraordinaire de Didier Lombard* » ; « *Le Crash Programme : c'est l'accélérateur d'ACT. Faut faire vite, toujours plus vite pour passer devant la concurrence* » ; « *Les dirigeants à Paris sont sur une autre planète* » ; « *Manager par les résultats, M. Barberot ne sait pas ce que cela veut dire ! Faut oser* » ; « *À quoi ça sert d'être un chef quand on n'assume rien* » ; « *Les prévenus ont l'exaltation de ceux qui détiennent la vérité* » ; « *Je fais tout le temps des gaffes* » (Didier Lombard) ; « *Faire vite, faire vite, comment je vais faire pour faire plus vite* » (M. Wenes) ; « *Le harcèlement moral est mon métier, aurait pu dire chaque prévenu* » ; « *Histoire de trampoline judiciaire car l'un veut rebondir sur ce que l'autre a dit* » ; « *Certains ont essayé de compléter ce qu'un autre [prévenu] disait pour l'éviter de gaffer* » ; « *Ils nous ont fait le Titanic à l'envers* » ; « *Didier Lombard : PDG ou homme de paille ?* » ; « *Ils ne se reconnaissent pas dans l'image que l'on avait d'eux, pas dans ce qu'ils ont dit, pas dans ce qu'ils ont fait* » ; « *Pourquoi aucun prévenu ne reconnaît les faits ?* » ; « *Pas de circonstances atténuantes, beaucoup de circonstances aggravantes* ».

Le suspense est donc à son comble, la salle retient son souffle car on arrive à la phrase tant attendue qui tombe : 75 000 euros d'amende pour France Telecom, 15 000 euros d'amende et 1 an de prison pour chacun (voire moins pour certains prévenus) ! Nous échangeons des regards, estomaqués, entre parties civiles. Nous sommes sous le choc, et le titre du *Huffington Post*, « Procès France Télécom : les salariés sont sortis du tribunal glacés d'effroi », ne peut mieux résumer notre état d'esprit. Eh oui, nous devrions nous contenter d'un verdict qui requiert, certes, la PEINE MAXIMALE, malgré tout, ce qui est déjà pas mal me direz-vous !

Une question me vient aussitôt à l'esprit. Ce devait être un procès historique, qui serve d'exemple, afin de dissuader d'autres dirigeants d'entreprise de continuer leur management par la terreur. Qu'y a t-il de dissuasif et d'exemplaire dans de telles peines aussi ridicules les unes que les autres ? Moi qui rêvais que l'on puisse dire : « PLUS JAMAIS ÇA », et bien je ne peux que dire « TOUT ÇA POUR ÇA », et j'ai bien peur qu'une nouvelle réalité ne s'offre au monde du travail : « PLUS

QUE JAMAIS ÇA » et ça, c'est très grave. Mais ce qui est encore plus grave, c'est qu'on laisse un PERMIS DE TUER entre les mains des harceleurs et cela est très, très grave.

Mon dernier constat est que nos vies meurtries, saccagées et détruites ne valent vraiment pas grand-chose et j'ai beaucoup de peine pour les familles de mes collègues endeuillées. Comment vont-elles se remettre de ce verdict cataclysmique qui sera officialisé, nous l'espérons, d'ici la fin de l'année ? Il faut se rendre à l'évidence : ce sera la porte ouverte à un monde du travail ultra anxiogène et encore plus violent. Et ça, je le déplore profondément.

7.
Les plaidoiries des avocats des prévenus (lundi 8 juillet 2019)

S'ouvre ce lundi la semaine des plaidoiries des prévenus. Chacun d'entre eux a entre 2 à 3 avocats chacun pour les défendre. Je vais vous faire un petit résumé vous décrivant le vécu des plaidoiries depuis le banc des parties civiles, avec un petit zeste d'humour, ainsi vous connaîtrez mon humeur du moment.

Après les réquisitions de vendredi on ne peut plus à charge, voilà que les avocats du jour démontent un à un tous les arguments démontrés pendant 6 heures durant, vendredi. C'est parfois risible de constater en fait la partie de ping-pong qui se joue entre les deux camps.
J'admire particulièrement la patience inébranlable de la présidente du tribunal qui, stoïque, écoute très attentivement tout ce petit monde en robe noire. De temps en temps, elle développe avec grâce un bel éven-

tail bleu (ou rouge selon les jours) qu'elle active énergiquement car il fait chaud à Paris et la climatisation du tribunal semble avoir quelques faiblesses. C'est à elle que reviendra le rôle de décider du verdict final qui nous sera livré dans quelques semaines, que dis-je, quelques mois, car il y a tous les jours des pièces qui s'ajoutent au dossier.

Autant j'ai trouvé les plaidoiries des avocats des parties civiles de la semaine dernière, très vivantes, stylées, intéressantes, abordables et disons carrément, de haute volée dans le ton, autant celles d'aujourd'hui font appel à un tel vocable judiciaire incompréhensible pour la non-initiée que je suis (et je pense ne pas être la seule) que c'est presque à la limite de l'ennui. C'est dire !

Au retour du déjeuner à 13h30, les envolées lyriques du premier avocat de l'après-midi essaient de nous tenir en éveil, mais son « verbiage » technique devient peu à peu soporifique, au point que je commence à voir ma voisine de gauche et mon voisin de droite piquer du nez. Moi aussi, levée à 4h30 pour prendre mon train de 6h07, je commence à avoir les paupières lourdes et je crois constater que nous sommes au bord de la sieste collective. Je sors faire un petit tour aux toilettes, ce qui me ravigote quelque peu. Il faut dire qu'il y a un va et vient permanent dans cette salle d'audience, on y entre et on en sort comme dans un moulin, avec des portes qui grincent et claquent à tout va.

De retour à mon poste d'observation, j'ai dans mon champ de vision direct Didier Lombard que j'observe et, ô stupeur, il a dû lui aussi être piqué par une mouche Tsé-Tsé (très nombreuses cet après-midi) car je le vois pencher dangereusement sur sa chaise. Il va finir par terre si ça continue. Je me dis: « Oh, là là, c'est l'heure de la sieste de « Pépère » (77 ans tout de même, ayant assisté assidûment à « son » procès 12 semaines durant).

C'est ensuite au tour d'une jeune avocate et par miracle, elle arrive à réveiller toute l'assemblée. « Pépère » finit de sortir de sa torpeur et attrape son cartable diplomatique dans lequel il plonge la main à la recherche de quoi donc? un éventail, comme madame la présidente, pour se ventiler les idées, peut-être? Mauvaise pioche, ce sera une petite bouteille d'eau pour se rafraîchir. Un nouveau plongeon dans le cartable diplomatique où frénétiquement, la main recherche quelque chose… le fameux carnet confidentiel et le stylo qui va bien avec, pour prendre des notes (comme il le fait tous les jours). Que peut-il donc raconter dans ce carnet? Vraisemblablement des secrets d'État. Et par là-même cela lui donnera une contenance qui lui permettra de rester en éveil.

16 h: c'est terminé pour aujourd'hui. Ouf, je ne sais pas comment cela aurait fini si les plaidoiries avaient duré jusqu'à 20 h au 21 h comme certains autres jours d'audience.

8.
Délibéré du procès Tapie et suite des plaidoiries des avocats des prévenus (9-10 juillet 2019)

Mardi 9 juillet 2019

Je vous propose de faire un tour dans un nouveau pays : l'Absurdie. Ah bon, c'est où, me direz-vous ? Rappelez-vous que le 1er avril tombaient les réquisitions du procès de Bernard Tapie, condamné à cinq ans de prison ferme pour « escroquerie » et « détournement de fonds publics ». Stéphane Richard, PDG actuel d'Orange est lui condamné à trois ans de prison, dont 18 mois ferme, avec une amende de 100 000 euros et interdiction de toute fonction publique pendant cinq ans. Imaginez ce que cela peut représenter pour les salariés (moi en l'occurrence, avec 37 ans d'ancienneté) de réaliser que son PDG actuel risque de devoir partir en prison et que quelques semaines plus tard, c'est le procès de l'ex-PDG qui à son tour va commencer. Pour moi, cela a été d'une violence psychologique inouïe, je ne pensais pas le vivre si mal. Vous vous rendez compte de l'absurdité de la situation ? Cela peut sembler aussi irréel que surréaliste. Quelle entreprise en France a déjà vécu une telle configuration judiciaire ? Si la situation n'était pas si grave, cela pourrait être risible.

Le délibéré de ce procès, hasard du calendrier, est prévu le 9 juillet, en pleine fin du procès Lombard, et en plus dans la même salle d'audience ! Qui dit mieux ?

Logeant dans un hôtel près du tribunal, je me dis que je ne risque rien à m'y rendre car je me rends compte que je vais vivre un jour historique pour l'entreprise : être présente à deux audiences le même jour, de deux PDG d'Orange à deux procès différents.

L'audience est prévue à 10h00 et j'arrive pour 9h45. Une foule de médias armés de micros et caméras ont pris place et la guerre est ouverte pour obtenir la meilleure place, on se croirait au Festival de Cannes.

Ce matin, en regardant BFMTV, j'apprenais que Bernard Tapie ne pourrait être présent du fait d'être trop affaibli par son combat contre 2 cancers. À chaque journal d'informations toutes les 30 mn, les journalistes échafaudaient des hypothèses sur les peines encourues par chacun.

J'ai retrouvé sur place quatre autres collègues parties civiles. Nous nous installons et deux collègues sont allés le saluer, soit parce qu'ils le connaissaient ou parce que l'un d'entre eux avait fait un malaise le jour de mon audience. Stéphane Richard en ayant été informé, il lui avait envoyé un mail le lendemain pour prendre de ses nouvelles. La classe, je dois dire ! On est tout de même dans une toute autre dimension par rapport à ce qu'on découvre depuis 2 mois sur la personnalité de Didier Lombard. C'est comme qui dirait le jour et la nuit.

Alors que la salle d'audience est quasi au complet, la sonnerie retentit pour annoncer l'ouverture de l'audience qui marque l'arrivée d'une présidente et de deux dames juges. Le protocole veut que toute la salle se lève et on se rassoit quand elle nous en donne l'ordre. Nous commençons à être rompus à l'exercice.

Le délibéré commence avec cette phrase qui resitue le contexte « escroquerie » et « détournement de fonds publics » dans l'affaire du Crédit Lyonnais. C'était quand même il y a 26 ans en 1993. Incroyable !

S'ensuit tout un « verbiage » judiciaire que je ne saisis pas trop. Par contre, je comprends parfaitement le verdict : relaxe de Bernard Tapie et ainsi de suite jusqu'à Stéphane Richard. Résultat : les 6 prévenus sont relaxés à la surprise générale. Décidément, la justice réserve de sacrées surprises, car visiblement les médias entendus le matin n'avaient pas du tout envisagé cette hypothèse si peu plausible. Je dois dire que cela m'affole quelque peu, car j'imagine que si pour le procès Lombard, le verdict s'avérait être identique (« TOUS RELAXÉS »), comment pouvoir se remettre d'une telle déconvenue ? Comme quoi, rien n'est jamais joué d'avance.

Au bout de 25 minutes, le délibéré est terminé. Et voilà que les avocats et les prévenus se congratulent, s'embrassent. Mes quatre collègues parties civiles partent saluer Stéphane Richard et le féliciter et me disent : « Viens, Béa ! » Et là, s'est jouée une scène irréelle que je ne suis pas prête d'oublier. Il serre la main de mes 4 collègues masculins, puis il me tend la main. Je me présente : « Béatrice Pannier, salariée d'Orange Caen, en grande souffrance dans l'entreprise… » Il me prend les mains et me dit : « Madame Pannier je connais bien votre dossier et je vais m'en occuper personnellement. » Je fonds en larmes et voilà que nous le voyons, les larmes aux yeux, qui commencent à couler aussi ! Il est dans une émotion incroyable. Il nous serre tous les 5 ensemble dans ses bras, nous, ses salariés en souffrance à cause de son prédécesseur. Notre PDG s'avère être un être humain, sensible, comme nous n'aurions jamais pu l'imaginer. Nous vivons un moment hors du temps. Voici des paroles qui résonnent dans ma tête et me font un bien fou. Quel contraste avec Didier Lombard, dans un déni total depuis 2 mois, ne comprenant absolument pas comment on peut en arriver à vouloir se tuer pour le travail !

C'est incroyable comment en quelques minutes mon destin (et celui de l'entreprise car il reste PDG) a encore une fois basculé. Décidément, ma présence au tribunal m'entraîne de surprise en surprise !

À 14 h, nous sommes de retour pour la suite des plaidoiries. Nous avons droit à un show rythmé de Maître Maisonneuve. Les plaidoiries continuent, démontant tous les arguments des réquisitions de vendredi et encore une fois est demandée la relaxe des prévenus. Je retiens une phrase qui m'interpelle : « *On ne peut bannir l'émotion au nom de la raison.* »

Mercredi 10 juillet 2019

Quelques phrases cultes que je retiens de cette journée de plaidoiries qui demande la relaxe des prévenus : « *Je dis ce que je fais et je fais ce que je dis* » (Louis-Pierre Wenes) ; « *Harcèlement en bande organisée* » ; « *Une guerre contre les salariés* ».

9.
Dernier jour du procès
(jeudi 11 juillet 2019)

La dernière audience de ce procès débutera à 13h30 et vers midi, pour la dernière fois, nous nous réunissons sur le parvis. Après les divers syndicats, j'ai moi aussi pris la parole :

12 semaines de procès prennent fin aujourd'hui avec, cet après-midi, la plaidoirie des 3 avocats de Didier Lombard et la parole à chaque prévenu. Ressortirons-nous ce soir avec une once d'excuses ou un quelconque mea culpa de la part des uns et des autres ? Pas sûr et certainement peu probable.

Ce que je retiendrais de ce procès hors norme à tous les niveaux, c'est l'aventure humaine hors norme que j'ai vécue. Enfin, je ne me sens plus seule à supporter ma souffrance.

Recevoir le soutien :

- de mes collègues présents de toute la France qui ont traversé le même tunnel noir ;

- des associations comme ASDPRO et les Ateliers du Travail, présentes tous les jours ;

- des syndicats sur nos sites et particulièrement Sud avec des remerciements spécifiques que je tiens à adresser à Denis Allix et surtout Patrick Ackermann, qui a mené de mains de maître sa mission de permettre, à nous, salariés, de nous porter partie civile si nous le souhaitions ;

- des avocats comme Maître Topaloff, Maître Teysonnière et tous les avocats des parties civiles.

J'adresse un grand merci aussi à la greffière, l'huissier et surtout à madame la présidente du tribunal qui nous avait dit le premier jour qu'elle était là pour écouter, ce qu'elle a fait avec une grande patience et beaucoup d'empathie, comprendre et maintenant décider du verdict à donner d'ici la fin de l'année.

Maintenant, après les paroles, nous attendons des actes forts et surtout le délibéré dans quelques mois. Ce procès sera maintenant le point de départ de mon parcours de guérison, j'en suis persuadée et cela n'a pas de prix. Ce sera mon dernier mot. Merci.

Vont se succéder cet après-midi pour le grand final, les trois avocats de Didier Lombard. Le premier à entrer en piste est Maître Jean Veil (fils de Simone Veil), qui a une manière de défendre son client on ne peut plus bizarre avec de grandes envolées lyriques assez spectaculaires : « *Respecter les décisions qui seront rendues par le tribunal, réparer l'absence qui est là pour toujours* » ; « *Je l'ai vu pleurer dans mon bureau et devant vous. Il est comme il est, avec ses qualités et ses défauts. Alors oui, M. Lombard est parfois maladroit, presque un gaffeur invétéré, dont l'humour, parfois un peu brutal serait incompris* » ; « *Je ne crois pas qu'il aurait eu une carrière politique formidable* » ; « *Avec ses deux phrases maladroites 'par la porte et par la fenêtre' et 'la mode des suicides', était-ce justifié qu'il passe au tribunal ?* » ; « *Le monde qu'on va laisser à nos enfants, c'est ça le problème » ; « Nous venons de passer deux mois et demi pour parler de ce sujet qui n'en est pas un, qui est hors sujet » ; « La vengeance ne doit pas nous entraîner, elle ne doit pas frapper M. Lombard* » ; « *Je ne crois pas que ce soit la décision de justice, la condamnation éventuelle, qui leur permettrait de se retrouver, de se redresser* » (en s'adressant aux victimes et leurs proches).

C'est au tour de Maître Bérénice de Warren d'entrer en piste : « La connaissance du dossier a permis de creuser le fond du dossier » ; *« C'est lui qu'on veut voir souffrir, consciemment ou inconsciemment, c'est de la vengeance, pas de la justice, Mme la Présidente ! » ; « C'était compliqué parce qu'on parlait d'humains, mais son obligation était aussi de s'occuper des finances ! » ; « La dette ce n'est pas un risque, la dette a un coût » ; « Il a une façon de parler non polissée, brute » ; « Il n'a pas vu de mal-être général » ; « On a dû louper de l'humain au cœur de la crise » ; « On lui impute plusieurs morts. Il est resté assis, accusé de meurtres, incompétent avec son mépris, son déni » ; « Les parties civiles voulaient des réponses, mais*

Didier Lombard ne connaît pas les réponses, n'a pas les éléments pour répondre » ; « Je vous demande la relaxe de Didier Lombard pour réconcilier les deux camps ».

C'est ensuite au tour de Maître François Esclatine de clôturer ce procès par une toute dernière plaidoirie. Dernier florilège de phrases cultes : « *On se serait cru aux assises* » ; « *Didier Lombard est plein d'humour, attachant, si humain, gaffeur, maladroit, cassant pour se protéger* » ; « *Qu'est-ce que j'ai fait au bon Dieu pour mériter ça* » ; « *La dictature de l'émotion, c'est de dire à la défense de ne pas défendre car la blessure des parties civiles est déjà si grande* » ; « *Avant le début du procès, il était déjà condamné* » ; « *Bande organisée qui organise sa désorganisation de manière matricielle* » ; « *Ça sert à quoi d'être un chef si on n'assume pas* » ; « *La relaxe ce n'est pas la négation de la souffrance des salariés* ».

À la surprise générale, la présidente décide de prendre la parole. Sa voix est empreinte d'une vive émotion, ce qui rend ses paroles encore plus émouvantes : « *Pleinement conscients des enjeux de ce procès, de son caractère inédit, les trois membres du tribunal souhaitent vous faire part des propos inhabituels suivants : la décision sera rendue publique, non pas fin juillet comme je l'ai lu dans la presse, ni en septembre, ni en octobre, mais le 20 décembre prochain, à 10 heures dans cette même salle. Selon la procédure, le tribunal ne pourra alors commenter les motivations de son jugement, sinon par la lecture froide et non exhaustive du délibéré.* »

Elle dira ensuite un mot pour chacun :

- aux avocats : « *des deux côtés de la salle et pendant douze semaines, en dépit de la fatigue, de la canicule, de vos antagonismes, vous avez assuré et assumé vos missions dans une exigence constante à laquelle le tribunal n'a pas été insensible* » ;

- ses assesseurs, l'huissier et la greffière « *qui, chaque jour, ont accueilli, expliqué, voire rassuré* » ;

- les témoins aussi, « *parfois venus de loin et qui ont attendu même très tard. Certains n'étaient pas prévus dans le planning initial, mais tous ont été entendus* » ;

- aux autres, « *proches de salariés ou salariés eux-mêmes ont su surmonter la douleur pour faire don de leurs mots et de leurs maux, avec une humilité poignante* » ;

- aux journalistes « *professionnels ou d'un jour pour leur travail d'analyse, leurs regards, leurs dessins qui ont incontestablement donné aux vérités personnelles et judiciaires une résonance bien au-delà de ces murs et de ce 11 juillet* » ;

- aux victimes : « *le courage et la mise à nu que ces paroles ont exigés. Celles-ci ont été délivrées, déposées auprès de cette table de justice et c'est ce lourd fardeau que le tribunal emporte avec lui, espérant que ce partage ait rendu la douleur un peu plus supportable* » ;

- aux prévenus : « *Certes, on vous reproche de risquer 15 000 € d'amende et un an de prison. Certes, vous êtes vivants, entourés de vos proches. Certes, des questions peuvent paraître être restées sans réponse. Mais votre présence constante est atypique pour ce genre de procès, compte tenu de sa longueur et de l'âge de certains d'entre vous. Vous avez entendu et écouté, vous avez aussi parlé, exposé vos vérités alors que vous auriez pu vous taire, cela aurait été votre droit. »*

« Juger, c'est aimer écouter, vouloir comprendre et savoir décider. Pendant ces quarante-six audiences, le tribunal a aimé écouter et essayer de comprendre. Comprendre, c'est aussi prendre ensemble. Quelle que soit la décision, cette étape du prendre ensemble est atteinte. C'est déjà un résultat, une sorte d'œuvre de justice commune, collective. La dernière étape, vouloir décider, pèse d'un poids très lourd en ce dernier jour. »

Après cette prise de parole très émouvante et tellement touchante de la part d'une présidente tellement à l'écoute, tellement humaine, elle donnera la parole aux prévenus.

Olivier Barberot, a eu « *le sentiment d'avoir été écouté* » et le débat lui a semblé équitable. Louis-Pierre Wenès s'est dit « *profondément désolé* » envers ceux « *qui ont vécu malaise et souffrance* ». Didier Lombard ne s'est même pas exprimé. Cela me laissera comme un goût amer, mais peut-être est-ce mieux ainsi car si c'était pour nous faire une énième bourde monumentale, cela n'en valait pas la peine. Ma consolation sera de me dire que j'ai pu lui dire en face le 27 juin, lors de mon audition, ce que j'avais vécu, ce que j'avais sur le cœur, et c'est déjà beaucoup.

Le dernier à intervenir à la barre sera M. Nicolas Guérin, secrétaire général d'Orange, qui représente

France Télécom au procès. Il a reconnu que « *les transformations de France Télécom ont pu générer des cas de souffrance individuelle que l'entreprise n'a, hélas, pas toujours su prévenir. Dans certains cas, ces souffrances peuvent constituer des préjudices susceptibles d'être réparés. À ce titre, sur le modèle de la commission de la médiation évoquée tout au long de ce procès, nous engagerons une discussion avec nos partenaires sociaux pour constituer une commission qui se penchera sur cette question de l'indemnisation, quelle que soit la décision que le tribunal rendra. Par ailleurs, l'entreprise s'engage à travailler avec les organisations syndicales à des modalités concrètes d'accompagnement psychologique des salariés et des parties civiles. Ce procès a eu un écho retentissant et il y a un risque de déception de certains. Enfin, une rencontre avec les partenaires sociaux sera organisée, dès la rentrée, pour discuter de nouvelles dispositions de prévention. Il est indéniable qu'il y a eu de la souffrance chez certains de nos collaborateurs. En se focalisant sur la préservation de l'entreprise et son personnel dans son ensemble, il est évident que nous n'avons pas su protéger certaines personnes* », a-t-il conclu.

Cette intervention m'a donné du baume au cœur, car je constate que l'entreprise se rend compte que rien n'avait été fait pour le personnel en souffrance de l'ère Lombard et qu'elle a décidé d'y remédier grâce à une indemnisation individuelle. Après ces belles paroles, nous attendons les actes.

Pour moi, ce procès aura eu les bienfaits d'une thérapie qui me conduira à la guérison, j'en suis sûre. J'irais même jusqu'à comparer ce procès à mes Jeux olympiques de la guérison ! Cette fin (provisoire) du procès représente ma médaille de bronze ; le délibéré du 20 décembre 2019 avec la condamnation des prévenus représentera ma médaille d'argent ; et, enfin, quand j'aurai obtenu réparation de la justice et de l'entreprise, cela représentera ma plus belle victoire sur cette décennie de souffrance, donc cela équivaudra à une médaille d'or olympique.

Troisième partie
Processus de guérison

Cette 3e partie va vous permettre de constater le parcours du combattant quand on veut essayer de survivre à ce cataclysme que représente le burn out, surtout quand il conduit à la phase ultime de vouloir en finir. La reconstruction est longue, il faut absolument se faire aider. Je ne vous cache pas qu'il faut être motivé, dans le sens qu'il faut vraiment être actif dans sa guérison. Je vous livre mes clés et tout ce que j'ai mis en place pour m'aider à m'en sortir en espérant qu'elles deviendront les vôtres pour aller mieux, guérir et reprendre le cours de votre vie. Par ailleurs, je vous conseille de mettre toujours par écrit ce qui s'est dit d'important à vos rendez-vous avec la médecine du travail, votre hiérarchie, d'autres médecins, experts… cela peut toujours servir, même des années plus tard quand il faut faire référence à des paroles ou actes de personnes bien précises.

1.
Qu'est-ce que le burn out ?

Burn out = Syndrome d'épuisement professionnel.

Le mot *burn* en anglais veut dire « brûler ». Vous avez l'impression que votre corps se consume à l'intérieur alors que cela ne se voit pas forcément à l'extérieur. C'est un état d'épuisement émotionnel, physique et mental suite à une exposition à des conditions de travail trop exigeantes émotionnellement. Le burn out est le résultat de tout un processus de dégradation du vécu au travail, révélant un profond malaise. Le stress grandissant va dégrader les conditions de travail et avoir des conséquences sur la santé.

Permettez-moi de vous informer de la métaphore qu'a suscité en moi Notre-Dame de Paris en feu. Quand lundi 15 avril 2019, je découvre cette image de l'embrasement de Notre-Dame vue d'un drone, cela m'a fait un choc d'autant que, quelques minutes plus tôt, vue du parvis, Notre-Dame avec ses deux grandes tours et son enceinte intacte, tout semblait normal alors que tout brûlait à l'intérieur. Eh bien, le burn out, c'est exactement cela : la personne qui en souffre, vue de l'extérieur, est d'une apparence habituelle alors que tout est « cramé à l'intérieur ».

J'irai encore plus loin dans l'analyse : le lendemain matin, j'entends à la radio Stéphane Bern, qui se bat depuis des années pour notre patrimoine avec les moyens qu'on veut bien lui donner. Il disait avec des sanglots dans la voix : « *Quand je pense qu'il faudra 40 ans de travaux pour reconstruire à l'identique, je crains de ne plus être de ce monde pour la revoir comme avant…* ». Mais avec l'avalanche de dons qui sont tombés dans la journée pour sa reconstruction, voilà que le président de la République a l'audace d'imaginer que 5 ans suffiront. Pour le burn out, c'est pareil, il y en a pour qui cela prend 10, 15 ou 20 ans (ou jamais) pour s'en remettre mais si déjà le burn out était reconnu en devenant une cause nationale et priorité ministérielle pour tout le monde du travail, alors là, peut-être que l'on pourrait guérir du burn out en quelques mois (au lieu de plusieurs années), donc plus vite et plus durablement.

Le salarié fera tout pour tenir bon jusqu'à ce que son corps dise stop, mais son mental tentera l'impossible. C'est pour cela qu'il ira jusqu'au bout, sans se rendre compte de sa déchéance progressive. Et tout cela peut se concrétiser par une violente crise d'angoisse, un AVC, un problème cardio-vasculaire sur le lieu de travail qui sera la réponse du corps qui n'en peut plus. Ce qui est fou, c'est que quand votre ordinateur rame, on le laisse faire pour que la page demandée s'ouvre, même si cela prend un certain temps, voire un temps certain. Par contre, le salarié, on ne lui laisse même pas le temps de chercher l'info: il doit être opérationnel dans la seconde.

Les conditions dans lesquelles nous travaillons peuvent sembler normales car tout le monde y est confronté à un moment ou un autre, tels que les incivilités entre collègues, les conflits interpersonnels, le manque de respect, de reconnaissance, se sentir rabaisser, inutile... Mais tout cela devient anormal quand vous le vivez comme une violence subie et une pression psychologique. Bien souvent, le harcèlement moral s'installe insidieusement à travers:

- des conflits au quotidien: moqueries, railleries...
- des comportements hostiles: ni bonjour, ni merci, consignes floues, rétention d'informations...
- un climat social tendu, avec son lot de comportements toxiques qui progressent: réunion planifiée quand certains sont absents, privation de promotion interne ou reconnaissance (prime);
- isolement de certains collègues avec le sentiment de mise à l'écart, mise au placard, d'être pestiféré...
- des collègues qui font parler le souffrant de ses doutes, de ses difficultés voire de sa vie privée pour pouvoir après encore mieux s'en servir pour l'enfoncer encore plus. Bien souvent, ces informations sont transformées et finissent par se retourner contre le salarié en souffrance.

Il s'avère que chaque individu n'a pas le même niveau de résistance mentale, psychologique et émotionnelle aux facteurs de stress que l'on perçoit. Il faut alors puiser dans sa réserve d'énergie nerveuse.

*

Voici une liste des symptômes qui doivent vous alerter :

- **fatigue :** excessive, permanente, psychique, se sentir las, épuisé, usé, au bout du rouleau…
- **stress :** ralentissement flagrant, anxiété, idées noires, rumination, dépression…
- **sentiments :** tristesse importante, perte d'intérêt, culpabilité, irritable, impatient, agacé, dépassé, submergé, inutile, en panique, phobie sociale, frustration, détresse…
- **appétit :** perte ou excès d'appétit, grignotages, maladies gastriques, vomir en partant au travail…
- **sommeil :** insomnie, difficulté à se rendormir, cauchemar, réveil en pleine nuit, troubles du sommeil, hypersomnie, sueurs nocturnes, retour en boucle des humiliations de la journée…
- **troubles cognitifs :** attention saturée, erreurs à répétition, concentration difficile, difficultés à « imprimer » ce qu'il y a à retenir, du mal à trouver ses mots, trouble de la mémoire, sursaut au moindre bruit, ne supporte plus les cris…
- **troubles physiques :** maux de tête, mal à la nuque, mal partout, malaises, se sentir dans un étau, troubles de la vue, perte de l'équilibre, boule au ventre, crise

d'angoisse, crises de larmes, perte de conscience, tension trop élevée ou trop basse…

- **troubles psychiques :** perte de l'estime de soi, dévalorisation, culpabilité, colère, peur, découragement, frustration, se justifier en permanence, perte de ses compétences…

La vie privée se trouve parasitée, impactée par la vie professionnelle destructrice et l'entourage finit aussi par en souffrir (conjoint, enfants). Il pense pouvoir s'en sortir seul et gérer seul en essayant de sauver les apparences sans demander de l'aide extérieure. Il va aussi inconsciemment se refermer sur lui-même, comme une huître, et pensera : « Comme j'aimerais hiberner quelque temps », car les temps de repos tels que les RTT, les week-ends et les vacances ne reposent même plus. Le salarié en souffrance va développer malgré lui un système de défense psychique en se coupant de ses émotions, en rejetant les autres et tout ce qui a rapport avec le travail. Il sera d'autant plus difficile d'inverser la tendance.

Malheureusement, le monde de l'entreprise méconnaît cette souffrance en sous-estimant son importance, ses causes et ses conséquences, ce qui fait que le salarié ne se sent ni entendu et encore moins compris. L'employé a l'impression de sacrifier son corps, son âme mais surtout sa propre identité. Cela s'apparente à un déni total des risques qu'il encoure pour sa santé. On ne peut que constater que le milieu professionnel est devenu trop exigeant, froid et voire même hostile. Quand il n'y a pas de reconnaissance, qu'on sent son travail dévalué, cela dévaste notre personnalité d'où l'estime de soi qui dégringole avec ses conséquences (une usure de sa dignité, de sa volonté et de ses valeurs).

Quelles sont les solutions ?

Au niveau de l'entreprise

Il faut absolument redonner du sens à des salariés qui ne voient plus le bout du tunnel. L'aspect humain ayant tendance à être relégué aux oubliettes, il vaudrait mieux qu'il devienne une action prépondérante de tout directeur digne de ce nom en mettant en œuvre très vite des actions de **détection** en amont, de **prévention**, de **guérison** et surtout de **réparation**.

La vie en entreprise doit passer par des principes à mettre en place et à respecter à la lettre :

- protection des droits des salariés ;
- protection de la liberté individuelle ;
- protection de la dignité de l'individu ;
- protection contre la violence psychologique.

Au niveau du salarié

Le salarié doit **sortir de son isolement** en s'adressant selon l'entreprise : à la hiérarchie directe si elle est à l'écoute, à la médecine du travail, aux délégués du personnel, aux élus CHSCT, à la direction des ressources humaines, à l'inspection du travail (si l'on doit faire face à un mur de silence dans l'entreprise) et au médecin traitant (ou autres).

Pour guérir d'un burn out, il faut la volonté de s'en sortir, être **acteur** de sa guérison. Il va falloir faire équipe avec divers professionnels qui pourront agir sur les côtés psychiques, biologiques et professionnels. Les trois combinés permettront de s'acheminer vers la guérison mais aussi d'éviter la rechute. La guérison devra passer par un processus de réhabilitation psychologique, de recouvrer sa motivation et surtout en retrouvant son estime de soi. Pour y arriver, il faut se faire aider : par un suivi médical avec un psychiatre ou psychologue, par un traitement médical adapté et par l'ouverture à des méthodes qui vous aideront à aller de l'avant (méditation, sophrologie, yoga, loi de l'attraction, magnétiseur, hypnose).

Le tout combiné va permettre de retrouver la santé, voire même le chemin de la reprise du travail : en instaurant une meilleure hygiène de vie, en s'alimentant sainement, en faisant du sport, en faisant des activités qui plaisent liées à vos passions, en redécouvrant ses centres d'intérêt, en retrouvant le sourire et la joie de vivre, en retrouvant l'envie de rire qui fait tant de bien, en retrouvant une vie sociale riche (famille, amis), en s'entourant de gens positifs quitte à faire le tri dans ses relations quand certaines deviennent toxiques car toujours négatives.

Je vais vous délivrer dans les pages qui suivent tout ce que j'ai mis en place, avec des pistes, des sites, des infos qui vous aideront vous aussi à vous sortir de cette période noire de votre vie.

2.
L'Institut d'Accompagnement Psychologique et de Ressources (I.A.P.R.)[2]

Pendant la période où la souffrance au travail était à son paroxysme, France Télécom a mis à disposition un numéro vert gratuit joignable 7j/7 et 24h/24 au 0 800 85 50 50 qui nous met en relation avec un psychologue de l'IAPR (association loi 1901), qui fut créée à l'initiative de la GMF et de la RATP en 2000.

Elle intervient en accompagnement et prévention des risques psychosociaux. Il faut savoir qu'il y a 26 psychologues qui assurent les permanences au téléphone. Votre appel est anonyme et confidentiel. Selon sa nature, il vous est proposé 5 entretiens gratuits avec un psychologue du réseau (380 sur toute la France), pris en charge par votre entreprise, il faut donc voir si la vôtre est affiliée à l'IAPR ou a peut-être un autre

2. www.iapr.fr

réseau dédié. J'ai fait appel plusieurs fois à cette hot line qui m'a permis de bénéficier de séances de psy gratuites qui m'ont permis de reprendre pied. Piste à ne pas négliger.

3.
Le Centre médico-psychologique (C.M.P.)[3]

Sur toute la France, il existe les Centres médicaux-psychologiques. C'est un dispositif de la psychiatrie de proximité avec des psychiatres, psychologues, psychomotriciens, assistantes sociales, infirmières et éducateurs spécialisés. Ces centres font des actions de prévention, de diagnostic, de soins ambulatoires ainsi que des interventions à domicile. Selon où vous habitez, cela détermine votre CMP de secteur qui reçoit les patients à partir de 16 ans. Ces consultations sont gratuites. Vous pourrez connaître le CMP le plus proche de votre domicile par votre mairie, le commissariat, l'hôpital et sur internet. J'ai aussi bénéficié par deux fois de leurs consultations et je suis toujours tombée sur des personnes qui m'ont bien conseillée et m'ont permis d'avancer.

3. www.solidarites-usagerspsy.fr

4. Le psychiatre

L'IAPR et le CMP sont deux possibilités de suivi psychologique mais en général sur une courte durée. Bien souvent, vous serez redirigé vers un autre professionnel pour un travail au long cours car selon le cas, il peut être nécessaire d'entamer un travail en profondeur (type psychanalyse) où le psychiatre vous fait parler sur une (ou plusieurs) thématique choisie ensemble. Par exemple, j'ai travaillé sur le fait de devoir faire mon deuil d'un travail épanouissant et intéressant. Au bout du compte, vu la conjoncture de l'emploi, il fallait que je me dise que c'est déjà bien d'avoir un travail qui me permette d'élever ma fille, de payer notre maison, la nourriture, l'école… Je devais le voir comme un moyen de gagner ma vie et tant pis si le travail n'était ni intéressant, ni épanouissant, il fallait l'accepter comme tel et chercher des sources d'intérêt ailleurs, dans ma vie personnelle, mes passions.

J'ai mis du temps à l'admettre, mais quand j'ai repris le travail en 2013 après deux ans de Congé Longue Maladie, j'y suis retournée avec un œil neuf. Par contre, dans ma situation, avec le recul des années, il ne fallait surtout pas retourner sur un open space car mon état de santé n'était plus en adéquation avec de l'activité en milieu très bruyant. Ma direction m'avait proposé soit de retourner dans mon service, soit d'intégrer un autre service où je ne connaissais personne, avec des mois de formations en perspective et toujours en open space. Donc en mon âme et conscience, j'ai choisi le moins pire du pire : retourner dans mon service où j'avais des collègues qui m'attendaient certes, mais pas tous.

En parallèle, j'étais suivie par un autre psychiatre qui me fixait mon traitement médicamenteux, gérait mes prolongations d'arrêt, le premier n'étant pas habilité à le faire. En effet, il faut se résoudre à suivre un traitement, parfois lourd au départ : antidépresseurs, anxiolytiques, somnifères… Le problème de ces médicaments, c'est que l'on devrait les prendre que quelques semaines or moi, j'en suis à plusieurs années. Heureusement, j'ai trouvé un moyen naturel d'en réduire ma consommation, c'est en effectuant une cure thermale tous les ans.

5.
La cure thermale[4]

Depuis 2002, j'ai découvert les cures thermales pour soigner mes problèmes ORL. Quand, en 2010, j'ai commencé à aller mal, que j'étais en arrêt maladie, je me documentais sur la possibilité de faire une cure thermale spécialisée en psychosomatique. Après deux années à Néris-les-Bains dans l'Allier, j'ai testé les thermes de Saujon en 2013 et j'y retourne tous les ans. J'aime la proximité de l'océan à 15 km, tout près de Royan.

Les thermes de Saujon existent depuis 1860. Son eau thermale est utilisée pour les différents soins quotidiens sur 18 jours. Elle permet de réduire considérablement l'anxiété, les médicaments anxiolytiques, les troubles du sommeil, de mieux lâcher prise.

---

4. La cure thermale à Saujon (17) : www.thermes-saujon.fr

Comme le dit le Dr Olivier Dubois, psychiatre et président du Directoire des Thermes de Saujon : « *Lâchez prise et vous irez mieux* ». Il n'y a pas plus vrai. Cette eau est oligo-métallique et jaillit à 17°9. Elle contient des oligoéléments à base de lithium, est minéralisée par du bicarbonate de calcium, du magnésium, du chlorure de sodium.

Pendant les 3 semaines de cure (du lundi au samedi, même les jours fériés), vous avez un suivi avec un médecin thermal psychiatre une fois par semaine. Les soins prescrits sont les suivants : bain dans une baignoire individuelle pendant 10 minutes avec des jets d'eau thermale plus une douche ventrale ou sous-marine, douche thermale au jet pendant 3 minutes avec une pression de 4 bars, bain en piscine de 10 minutes, debout devant un jet réglable en hauteur, massage sous l'eau de 20 minutes un jour sur deux.

C'est votre médecin ou psychiatre qui peut vous la prescrire. J'ai remarqué que c'est moi qui avais dû la demander car on ne me le proposait pas systématiquement. Certains médecins ne connaissent pas, sont sceptiques ou autres. Les trois semaines de soins sont prises en charge par la sécurité sociale et votre mutuelle. Par contre, il reste à votre charge votre transport, l'hébergement, les repas…

ASTUCES

Pour l'hébergement

Je réserve mon logement via mon CE ; ainsi, j'ai un prix CE et de plus l'aide du CE pour financer une partie de la location. Par exemple : la résidence Lagrange à Saint-Georges-de-Didonne ou Saint-Palais-sur-Mer…

Pour le transport

Profitez de votre billet de train congé annuel avec 25 % de réduction abondés à 50 % selon les disponibilités et si vous réglez au moins la moitié de vos billets avec des chèques vacances.

Proposez vos places disponibles dans votre voiture à du covoiturage.

L'équipement pour la cure : bonnet (obligatoire), sandales, maillot de bain 2 pièces de préférence. On vous remet chaque jour un peignoir et une serviette à remettre après les soins.

En plus de la cure thermale, vous pouvez faire un stage proposé par l'École Thermale du stress (en supplément à votre charge), sur les 3 semaines, avec pour thèmes : apprivoiser votre stress et aller plus loin, réduire ou arrêter vos tranquillisants, retrouver un sommeil naturel, prévenir le burn out professionnel. Il existe aussi des stages sur 5 jours.

Par ailleurs, il vous est proposé des activités complémentaires à supplément : sophrologie, hypnose, Qi Gong, relaxform, Do'in, Tai Chi, peinture… Le personnel de cure est très agréable, compétent, bienveillant, à votre écoute et surtout très professionnel.

En 2017, à la fin de ma première semaine de cure, fut organisée une conférence sur le burn out à laquelle participaient le Professeur Jean-Pierre Olie (qui préside la conférence), Docteur Patrick Légeron, Docteur Alain Acker et Professeur Bruno Aouizerate, qui animait la conférence.

La salle du Palais des Congrès de Royan était quasi au complet avec 400 personnes (médecins, psychiatres, patients, curistes de Saujon). Tout au long de la conférence, France Télécom fut souvent cité à titre d'exemple pour ce qui s'était passé dix ans plus tôt. Quand la parole fut donnée au public pour poser des questions, on m'a donné un micro : « *Je suis salariée de France Télécom, en cure actuellement à Saujon. J'ai fait une tentative de suicide sur mon lieu de travail le 26 avril 2011, et je suis en état de survie depuis 6 ans. J'ai l'impression que je ne sortirai jamais de cet état de souffrance permanent. Ma question est la suivante : pensez-vous messieurs, que l'on puisse un jour se remettre d'un burn out ?* »

C'est le Dr Légeron qui me répondit : « *Je peux vous dire Madame, qu'on peut en guérir, en sortir, mais cela peut prendre des années, j'en conviens. Ce qui est essentiel, c'est de ne plus travailler dans les conditions qui vous ont détruites, il faut demander un autre poste dans l'entreprise car ils doivent faire face à ces situations et être vigilants.* »

À la fin de la conférence, des personnes sont venues spontanément me saluer, me réconforter et me féliciter pour mon courage. Le responsable du Rotary Club de

Royan, organisateur de cette conférence, est venu me saluer et m'a même invitée à venir partager le repas qui était prévu après. J'ai pu remercier le Dr Légeron pour sa réponse qui m'avait fait du bien au moral. Dans la semaine qui suivit, j'ai été interviewée par des médias médicaux présents à la conférence tels que Doctissimo, et j'ai été filmée pendant mes soins pour *Le Magazine de la santé*.

Tous les ans, la cure thermale de trois semaines est une période que j'affectionne particulièrement, car je peux enfin vivre pour moi et me laisser aller au lâcher-prise à travers les soins. J'oublie tous les problèmes au travail, je m'installe dans une bulle de bienveillance, de bien-être qui me fait un bien fou. En dehors des soins le matin, je m'organise un petit programme pour l'après-midi : visites de sites touristiques, plage, lecture au bord de mer, marche nordique, cinéma, aller au marché, assister à des conférences organisées par les thermes ou aussi par l'office de tourisme de Royan très actif. Bref, une parenthèse enchantée reconstructrice dans tous les sens du terme !

6.
La médecine du travail

Il faut savoir que la « médecine du travail » est une spécialité médicale dont le but principal est d'éviter aux travailleurs toute dégradation de leur santé, du fait de leur travail. Son rôle est de surveiller les conditions d'hygiène, prévenir les risques, conseiller l'employeur et les employés, suivre l'état de santé des salariés sur le lieu de travail.

En principe, selon les entreprises, une visite est prévue tous les 2 à 4 ans (voire plus ou moins) afin de faire le point sur la santé de chaque salarié (examen d'urine, test de l'ouïe, test de la vue, tension artérielle et visite médicale). Lors d'un arrêt de travail prolongé, une visite de reprise est organisée le jour de la reprise afin de la valider ou pas.

Je vais maintenant vous exposer ce que mon médecin du travail a mis en place au fil des années (selon les entreprises, les dispositions peuvent varier) :

Mi-temps thérapeutique

Selon la durée de l'arrêt, il peut être envisagé un mi-temps thérapeutique pour la reprise. Dans mon cas, après deux années de Congé Longue Maladie (CLM), j'ai pu bénéficier de 3 mois à 50 % puis 3 mois à 70 %, ce qui permet une reprise progressive, tout en étant rémunérée à 100 %. Au bout de 6 mois, il s'est avéré que je devais reprendre à 100 % alors que j'étais incapable de supporter les conditions de travail sur un plateau. Alors j'ai négocié avec ma hiérarchie que sur mes congés annuels (CA) des années 2011 et 2012, je puisse en prendre un par semaine en deux demi-journées, ce qui m'a fait travailler à 80 %.

Congé Longue Maladie (CLM) fractionné

Après avoir écoulé tous mes CA et RTT, j'ai dû retravailler à 100 % quelques semaines, soit 8 h par jour sur le plateau, mais ma santé rechutait. La médecine du travail m'a alors proposé ce que l'on appelle un CLM fractionné :

- à 80 %, soit un jour de congé maladie par semaine ;
- à 60 % soit deux jours de congé maladie par semaine ;
- à 50 % doit 2,5 jours de congé maladie par semaine.

Reconnaissance de la Qualité de Travailleur Handicapé (RQTH)[5]

La médecine du travail m'a proposé de remplir un dossier afin que cela facilite ses demandes pour l'octroi

5. www.mdph.fr

de conditions de travail en cohésion avec mon état de santé. Le dossier a mis plusieurs mois pour être validé, mais quand la notification est arrivée de la MDPH (Maison Départementale des Personnes Handicapées) et transmise à l'entreprise, encore une fois, la hiérarchie n'en a pas tenu compte, ce qui est très grave.

Congé Longue Maladie (CLM) ou Congé Longue Durée (CLD)

Je vous ai parlé du CLM fractionné, mais à mon troisième accident du travail survenu le 5 janvier 2018, il m'a été octroyé un Congé Longue Maladie à 100 % jusqu'au 7 octobre 2019. Au bout d'un an, il devra être transformé en Congé Longue Durée. Comme les informations du CLM et CLD sont différentes entre privé/public et fonctionnaire/contractuel, je ne pourrai vous en dire plus à ce sujet, mais vous savez désormais que cela existe.

7.
Le pôle nutrition

Alors que les années s'écoulent à devoir prendre des antidépresseurs et autres, ma courbe de poids joue aux montagnes russes jusqu'à atteindre 93 kg en janvier 2017. J'ai rendez-vous avec mon médecin traitant pour un rhume et j'évoque le sujet avec elle, car je me sens de plus en plus fatiguée, essoufflée, grignotage, honte de me regarder, bref, c'est la « cata ». Je lui demande ce qu'elle pense du fait que je puisse faire une cure thermale à Brides-les-Bains afin d'enclencher la perte de poids. Elle me répond : « *J'ai quelque chose de beaucoup mieux à vous proposer. À l'hôpital d'Équemeauville, près d'Honfleur, ils ont un pôle nutrition où vous êtes hospitalisée pendant 3 semaines avec un suivi : médical, nutritionnel, sportif, psychologique, cours de cuisine.* » Elle me parle d'une patiente qui a suivi ce protocole en novembre 2016. Cela a changé sa vie, je veux bien le croire. Je lui réponds alors que je suis prête à tenter le tout pour le tout car je n'y arriverai pas toute seule.

Mon séjour débutera le 12 jusqu'au 30 juin 2017. Nous serons un petit groupe de 5 personnes avec qui je me suis très bien entendue. Côté sport, cela était relativement intense puisque nous avions entre 3 et 4 heures de sport par jour. Le matin, nous avions deux heures de sport en salle très varié avec le coach sportif. Le mercredi matin, nous allions à la piscine de Deauville. L'après-midi, nous pratiquions de la marche nordique, qui fut une belle découverte pour moi car deux ans après, je continue à en faire et j'ai pris aussi un abonnement en salle où je vais 2 fois par semaine.

Nous avions des cours de nutrition et de cuisine. Nous cuisinions pour notre groupe de 5 et l'autre groupe arrivé la semaine précédente soit pour 10 personnes à tour de rôle. Ce sont des recettes simples, diététiques et nous irons même lors d'un atelier apprendre à lire et décrypter les étiquettes au supermarché. Nous avions également une séance de groupe par semaine avec une psychologue et j'ai demandé un RDV individuel par semaine avec elle afin que l'on travaille sur mes nouvelles conditions de travail qui s'annonçaient pour la rentrée 2017 et qui se présentait à moi comme une grande montagne infranchissable.

Sur les trois semaines, j'ai perdu presque deux kilos et de 93 kg en janvier 2017, je suis descendue à 79 kg, soit une perte de 14 kg en plus de deux ans. C'est très encourageant. Ce fut une expérience humaine fabuleuse. Cela a joué sur mon moral, ma confiance en moi, me sentir mieux dans ma tête et dans mon corps, bref, ce fut une bouffée d'oxygène bienvenue. Ensuite, il est possible de retourner là-bas pour un RDV médical pour faire le point au bout de 6 mois puis tous les ans.

Par ailleurs, le coach sportif nous a donné les coordonnées de l'ERET (Espace Régional d'Éducation Thérapeutique) qui m'a permis de bénéficier de 18 séances gratuites de marche nordique, ainsi que des ateliers de groupe comme « Équilibre alimentaire », « Menus et petits budgets »... Il doit certainement exister ce type des structures près de chez vous. Voici le lien pour la Normandie : http://www.planethpatient.org.

8.
Association des Accidentés de la vie (FNATH[6])

La Fédération nationale des accidentés du travail et des handicapés (FNATH) a été créée en 1921. Elle est reconnue d'utilité publique. Il faut savoir qu'elle compte plus de 1 000 antennes en France, 100 000 adhérents et 20 000 bénévoles. Sa mission est de conseiller, soutenir et accompagner les accidentés de la vie. Ses actions sont des campagnes nationales d'information, de prévention et de sensibilisation. Son ambition majeure est d'améliorer le sort des accidentés de la vie.

Je suis rentrée en contact avec elle en mars 2018 et c'est là que j'ai appris que mon malaise du 5 janvier 2018 aurait dû être déclaré en accident du travail et reconnu comme tel. J'ai donc fait les démarches en ce sens.

6. www.fnath.org

9.
Souffrance et Travail[7]

J'ai découvert cette association en lisant en septembre 2018 le livre *Le burn out pour les nuls*, de Marie Pezé. Ce livre est une mine d'informations qui m'a beaucoup aidée. Je suis allée visiter le site, qui est très fourni en documentations, en guides pratiques, vidéos et autres qui m'ont été d'une grande aide.

Marie Pezé est docteur en psychologie, psychanalyste et experte. En 1997, elle a créé la première consultation « Souffrance et Travail » à Nanterre. Aujourd'hui, il en existe près de 150 sur toute la France dont une à Caen.

J'ai eu mon premier RDV en octobre 2018 avec le Dr Kalis, pendant presque 1h30. J'ai retracé mon historique et je l'ai revue en moyenne une fois par mois. La visite coûte 60 euros (certaines mutuelles en prennent une partie en charge, selon votre contrat). Moi qui ai déjà un suivi avec mon psychiatre et la CMP, ces

7. www.souffrance-et-travail.com

trois spécialistes se complètent parfaitement et ce suivi triangulaire me permet de me sentir épaulée, soutenue, conseillée.

Lors d'une visite avec Dr Kalis, j'ai évoqué que ce qui me manquait : pouvoir parler et rencontrer d'autres salariés dans le même cas, afin que l'on puisse échanger des informations, des tuyaux, des adresses et nous soutenir mutuellement. Étant donné qu'elle avait d'autres patients demandeurs, nous avons eu notre premier groupe de parole en mai, puis tous les mois, avec 6 à 7 participants à chaque fois. Le prix dans ce cas est de 30 euros pour 2 heures. C'est incroyable comment je découvre que le vécu dans d'autres entreprises publiques et privées suit un cheminement quasi identique.

Par ailleurs, Marie Pezé anime régulièrement un café citoyen dans une ville de France. Elle est venue à Caen le 28 mai 2019 en animer un et ce fut une belle rencontre. Au cours de sa conférence, elle a souvent pris pour référence le procès de France Télécom en cours. Les personnes qui le souhaitaient ont pu prendre la parole et on me l'a donnée suite à l'intervention d'un médecin du travail en entreprise qui stipulait son rôle dans la prévention, la détection des salariés en souffrance afin que l'entreprise puisse agir pour éviter que la situation du salarié ne s'aggrave.

10.
Magnétiseur

Lors du premier rendez-vous, tout de suite, le magnétiseur a décelé mon état de fatigue extrême. Mon quota d'énergie était complètement dévié de mon corps sur le schéma qu'il a dessiné suite aux infos de son pendule. La consultation dure une heure (coût : 60 euros non remboursés).

Après un temps de dialogue, je m'installe sur sa table de soins et, avec l'aide de ses mains, de pierres qu'il place ici et là, il remet tout en ordre dans mon corps. Il me prescrit une préparation homéopathique et un complément alimentaire à commander sur le site Herbolistique afin de palier les carences auxquelles mon corps est confronté.

J'y suis retournée tous les deux mois, et au fil des visites, il m'a avoué que, la première fois, mon corps était à 15 % d'énergie, ce qui est très peu. En mars, j'étais passée à 85 %. Je voyais la différence car j'avais plus d'allant, de force et de volonté. Il allait m'en falloir encore davantage pour aborder le procès qui commençait au mois de mai !

11.
Praticienne Mieux-Être[8]

En janvier 2019, j'achète mon pain à la boulangerie et je tombe sur un flyer annonçant un Salon du bien-être les 20 et 21 janvier 2019 à Saint-Contest, qui est à l'autre bout du lieu où j'habite. Dans le programme du samedi après-midi, des conférences m'interpellent par leur thématique. Mais au moment de partir, il s'est mis à pleuvoir fort. De plus, la ville serait difficilement praticable avec les actions des Gilets jaunes. Je me dis : « Tant pis, je n'ai pas le courage. »

Puis 20 minutes plus tard, c'est comme si une voix intérieure me claironnait : « Si, si, il faut que tu y ailles, c'est important pour toi. » Je prends mon courage à deux mains pour sortir et me voilà en route pour traverser Caen avec des groupes de Gilets jaunes et des gendarmes ici et là. Je finis par arriver à bon port, je visite le salon et me rends à une conférence sur la mé-

8. https://www.karinelegagneur.fr

ditation avec les bols tibétains. Je ne connaissais pas du tout. Puis j'enchaîne avec la deuxième conférence sur le détachement de traumatismes, présentée par Karine Legagneur, qui a pour but d'expliquer les fonctionnements et les dysfonctionnements du conscient et de l'inconscient. Karine est une praticienne qui vous permet de comprendre et de vous libérer de vos peurs, des blocages et traumatismes divers vécus à différents stades de votre vie. Elle utilise le test inconscient pour trouver la source de vos maux, le but étant de réconcilier le conscient et l'inconscient pour une harmonie des émotions.

La séance dure de 2h à 3h, pour un coût de 140 euros (non pris en charge par la Sécurité sociale), il est conseillé de faire 3 séances minimum, chaque séance étant espacée de 1 mois et demi à 2 mois environ. J'ai donc fait mes 3 séances entre mars et septembre. Quel bien-être cela m'a apporté ! La toute première séance a permis de me détacher des traumatismes du burn out et le « nettoyage entrepris » a largement facilité la confrontation lors du procès. J'ai ainsi pu vivre les audiences (très violentes pour certaines) avec un certain détachement, ce qui m'a évité de m'effondrer en sortant du tribunal. Et, surtout, au fil des semaines, j'ai retrouvé ma personnalité de combattante, de battante, de volontaire, et cela n'a pas de prix ! Merci, Karine. Je peux vous dire que cela a été pour moi une rencontre déterminante pour amorcer un processus de guérison qui prendra des mois, voire des années pour me sortir de ce burn out, mais quel mieux-être j'ai pu constater depuis ces consultations !

12.
Le tribunal administratif

Comme je l'ai déjà dit, mon accident du travail du 5 janvier 2018 n'ayant pas été reconnu comme tel par l'entreprise, j'ai décidé de contester cette décision auprès du tribunal administratif de Caen. Il a fallu que je monte tout un dossier ce qui est très prenant et envahit vos pensées nuit et jour, pour ne rien oublier.

Pour ce faire, je me suis documentée pas mal en prenant des livres à la bibliothèque, d'où je suis ressortie avec 4 livres (dont vous trouverez les références dans la page dédiée à la fin de cet ouvrage). Force est de reconnaître que j'ai appris beaucoup de choses, mais alors quel parcours du combattant pour mener son combat jusqu'au bout! Jugez plutôt:

- rendez-vous au tribunal administratif afin de savoir comment et quelles pièces sont utiles dans un tel dossier;
- rendez-vous au Palais de justice, où il y a des permanences gratuites d'avocats pour se renseigner;

- rendez-vous auprès de mes assurances, avec qui j'ai une assistance juridique (mais attention à vos contrats, car ce cas de figure n'est pas pris en charge pour les frais d'avocat) ;

- rendez-vous avec la FNATH, auprès de qui j'ai obtenu un RDV gratuit avec un avocat (qui a annulé le RDV trois jours avant) ;

- rendez-vous à la mairie de Caen, avec qui j'ai pu obtenir un RDV gratuit avec le Service des informations juridiques qui m'informe de l'aide juridictionnelle à laquelle je n'ai pas droit car je dépasse le plafond de revenus (de peu certes). Je repars quand même avec un coupon me permettant d'obtenir 30 minutes gratuites de consultation avec un avocat agréé de la mairie, en rapport avec ma procédure. On m'informa qu'à ce stade de ma démarche, le recours à un avocat n'était pas indispensable, donc je fis sans.

Je suis donc allée porter mon dossier en main propre au tribunal administratif de Caen le 25 septembre 2018, qui me tamponna ma copie du dossier. S'en suivra jusqu'à fin mars 2019 une véritable partie de ping-pong entre la direction d'Orange à Paris et leurs avocats, et moi-même, avec ce qu'on appelle un « mémoire de défense ». Après deux envois chacun, l'entreprise restant sur ses positions, je n'ai plus eu de nouvelles, car cela passait au stade suivant, à savoir la convocation devant le tribunal de Caen qui eut lieu le 5 septembre 2019. Ce jour-là, un rapporteur fut chargé de faire un résumé de l'affaire. À ma grande surprise, son rapport fit état de toutes les preuves que j'avais apportées dans mon dossier, mais que l'entreprise n'a jamais pu contester. Il demandait donc l'annulation de la décision du 1er août d'Orange, qui ne reconnaissait pas l'accident du travail.

Hasard du calendrier ou pas, c'est le 25 septembre 2019 (soit un an après jour pour jour) que je recevais par lettre recommandée avec AR la confirmation officielle de l'annulation de la décision, ce qui pour moi fut une belle victoire. Il y était redit et démontré que, conformément à l'article 21 bis de la loi du 13 juillet 1983 : *« Est présumé imputable au service tout accident survenu à un fonctionnaire, quelle qu'en soit la cause, dans le temps et le lieu du service, dans l'exercice ou à l'occasion de l'exercice par le fonctionnaire de ses fonctions… »*

Je suis la preuve vivante qu'il faut aller au bout des choses. Ce qui m'épate, c'est que même sans avocat, la justice a reconnu mes droits, et cela n'a pas de prix. Il faut absolument avoir en tête que le salarié a des droits qui doivent être respectés et que la justice est faite pour les faire respecter.

13.
Cabinet Stimulus[9]

À l'occasion de l'interview pour *Télé Matin*, animée par Brigitte-Fanny Cohen, j'ai eu l'agréable surprise de découvrir que le Dr Patrick Légeron était lui aussi invité à ce tournage.

Le tournage était prévu au Cabinet Stimulus, rue de Mogador, à Paris. Ce cabinet, créé par le Dr Légeron, est depuis 1989 une référence dans le domaine de la santé psychologique au travail. Sa fonction est multiple : prévenir les risques psychosociaux en entreprises, renforcer le plaisir et l'engagement du salarié au travail, améliorer la performance économique et sociale, mobiliser les différents acteurs de l'entreprise autour de projets de santé et de qualité de vie au travail. Les consultants de Stimulus interviennent en entreprise pour apporter leur expertise, leur diagnostic et leurs conseils. Ce sont des psychologues du travail, des psy-

9. www.stimulus-conseil.com

chologues cliniciens et des sociologues diplômés. Mais rien ne nous empêche d'aller sur le site internet, ce que je fais régulièrement, car j'y trouve une mine d'informations très intéressantes.

14.
Redécouvrir et s'impliquer dans ses passions

En dehors de tous ces suivis médicaux et administratifs qui, ces 18 derniers mois, m'ont occupée à plein temps pendant mon congé longue maladie, j'ai aussi mis un point d'honneur à me reconstruire en redécouvrant mes passions et en m'adonnant à de nouvelles activités qui, au quotidien, m'obligent à sortir de chez moi, rencontrer du monde, me sentir utile et me sentir vivante.

Le cinéma

J'adore aller au cinéma, donc j'y vais une à deux fois par semaine, du lundi au vendredi afin d'éviter la foule du week-end. Je me régale de films comiques qui font du bien au moral !

Le sport

Comme dit précédemment, je me suis inscrite dans une salle de sport où je vais 2 ou 3 fois par semaine. Je fais du vélo d'appartement à la maison et de la marche nordique en groupe ou toute seule.

Lecture et écriture

Durant mes longues années de maladie, j'ai redécouvert le plaisir de m'évader en lisant. Je suis devenue une adepte des boîtes à livres, où j'emprunte des livres et les remets après lecture et où j'en dépose des miens que j'ai déjà lus, et j'aime aller à la nouvelle et belle bibliothèque de Caen où le choix de livres et le cadre sont fabuleux.

J'ai aussi découvert le plaisir d'écrire. Je suis devenue une adepte des ateliers d'écriture. J'ai participé à un atelier avec un forfait de 10 séances à Caen, une fois par semaine. En 2018, suite à un article paru dans la presse locale, j'ai découvert un atelier d'écriture à la bibliothèque de Saint-Aubin-sur-Mer, une fois par mois et gratuit. Nous sommes un groupe de 6 à 8 femmes de tous âges, dont une jeune ado qui nous écrit des choses très matures pour son âge et avec un style de plus en plus affirmé. Ce qui est intéressant, c'est de voir qu'en partant toutes d'une même citation, d'une même photo, d'un même parfum, l'imagination de chacune gambade et nous entraîne dans un parcours tellement différent et en contraste d'une personne à l'autre. C'est fabuleux !

Cela me donne envie de progresser, et pourquoi pas de proposer d'animer un atelier d'écriture dans la maison de retraite à coté de chez moi.

Le milieu associatif

Le chemin de la guérison passe pour moi par l'envie de me sentir utile, de servir (enfin) à quelque chose. C'est comme cela qu'en 2011, je suis devenue bénévole du Téléthon de ma ville de Louvigny.

En 2012, alors que je regarde *Vivement Dimanche*, Laurent Voulzy parle d'une association qu'il parraine pour venir en aide aux enfants à Madagascar « AINA Enfance et Avenir ». Je propose à ma fille de devenir marraines d'un petit enfant malgache, qui a son âge. J'ai eu la chance de rencontrer Faly, notre filleul, en allant le voir en 2015 à l'occasion des 10 ans de l'association. Je me suis organisé un voyage caritatif en emmenant dans mes bagages 50 kg de fournitures scolaires, 325 cartes postales de toute la France, en ayant lancé une opération spéciale en vidéo sur YouTube, et 750 euros de dons.

Salons et conférences

J'aime me rendre dans des salons particulièrement en relation avec la santé, le bien-être… C'est grâce à mes amis et voisins Marie-Claire et Jean, ils m'ont proposé de découvrir des conférences passionnantes organisées par la librairie L'eau vive à Caen, sur des thèmes tous plus intéressants les uns que les autres. Par exemple, en début d'année, le thème proposé était « Le pouvoir de l'attraction pour une année positive ». La conférencière nous a expliqué comment nous allions pouvoir passer une belle année 2019 très positive et avec de bonnes surprises à la clé. Elle nous montré quelques principes dont l'intérêt que pouvait avoir le fait de confectionner un tableau de visualisation positive.

Tableau de visualisation positive

Sur YouTube, j'ai trouvé une vidéo qui expliquait très bien comment créer son tableau de visualisation et voilà que je m'y suis mise aussitôt. Le principe est le suivant : j'ai pris un grand calendrier en carton que j'ai recouvert de divers papiers colorés. Je l'ai ensuite divisé en 8 cases identiques partant du milieu où j'avais collé une photo de moi et dans chacune des cases, j'ai émis un souhait que j'aimerais voir se réaliser en cette année 2019.

Dans chaque case, j'ai collé des petites photos trouvées dans des magazines ou sur internet. Le principe est de le visualiser quelques secondes tous les matins et soirs en se disant intérieurement : « Aidez-moi à réaliser ces souhaits, donnez-moi la force et les moyens de les réaliser ». Je passe mes mains dessus et à chaque fois, j'ai des frissons qui me parcourent et on m'a expliqué que c'est une réponse que l'on m'envoie, comme quoi je suis entendue. À la fin de l'année, le but est de voir ce qui a pu se réaliser ou en tous cas avancer. Et vous, pourquoi ne pas essayer ? Cela vous prendra une à deux heures pour le confectionner, mais quelle satisfaction de le contempler tous les jours et de voir la progression ! C'est ce qu'on appelle aussi la loi de l'attraction positive.

Cela fait déjà quelques années que j'ai compris qu'il faut savoir fuir les personnes négatives, toxiques qui vous tirent vers le bas, mais au contraire, s'entourer de gens positifs qui savent reconnaître vos qualités, vos capacités et qui, surtout, font tout pour vous tirer vers le haut. Cela fait un bien fou !

Ma grande passion : Alain Souchon et Laurent Voulzy

À l'âge de 18 ans, alors que j'étais en fac à Laval, située tout près des studios de Radio Mayenne qui venait d'ouvrir ses portes, j'ai eu la chance de rencontrer différents artistes dont Alain Souchon et Laurent Voulzy, avec qui se sont noués depuis 1981 des liens amicaux, encore très présents aujourd'hui. Grâce à leur gentillesse, leur bienveillance, ils m'ont aidée à surmonter ces années noires de ma vie.

Aller les voir en concert a été pour moi mes « parenthèses enchantées » qui me permettaient d'oublier quelques heures mes soucis et mes souffrances. J'avais des rêves et j'ai pu les réaliser. Ainsi, en 2014, j'ai sorti un livre sur 30 ans de rencontres avec eux. Le livre a connu trois éditions, dont la dernière, en 2016, avec la préface de Fabien Lecœuvre, grand spécialiste de la chanson française. En 2016, j'ai préparé une exposition sur leurs 40 ans de carrière dans ma ville, à Louvigny, pendant une dizaine de jours. Merci au maire, Patrick Ledoux, d'avoir cru en mon projet ! Alain Souchon et Fabien Lecœuvre, à qui j'ai demandé d'être le parrain, sont venus à l'inauguration deux heures durant. Laurent Voulzy étant grippé avec 40° de fièvre n'a pas pu venir mais m'a téléphoné. Ce fut un moment inoubliable !

Une petite anecdote: quand Alain et Laurent sont venus chanter à Caen lors de leur tournée en duo en juin 2015, France Bleu Normandie m'a invitée à les interviewer. Laurent rêvait un jour de chanter à l'Abbaye du Mont-Saint-Michel, ce qui lui avait été refusé quelques années auparavant. Je lui ai proposé de lancer un appel sur cette grande radio normande. Résultat: grâce à cette question que j'ai posée, il y a 4 ans, Laurent a réalisé son rêve les 6 et 7 septembre derniers. Ce fut pour moi un moment hors du temps, qui laissera un merveilleux souvenir en DVD et à la télévision, qui sera diffusé fin 2019. Fabuleux, n'est-ce pas?

Conclusion

Les accidents du travail augmentent lorsqu'on travaille sous tension et sans sentiment d'utilité. L'entreprise ne prend pas au sérieux la fatigue extrême du salarié, voire même souvent la disqualifie (c'est-à-dire qu'elle considère que c'est juste une petite dépression passagère anodine). La souffrance est sous-estimée, banalisée alors qu'elle mériterait une grande attention. Les chefs d'entreprise doivent avoir en tête que le travail occupe une place prépondérante dans la construction de l'identité de l'individu.

Quoi qu'il en soit, il est bien illusoire de penser qu'on peut guérir d'un burn out avec quelques semaines de repos ou un changement de travail. C'est comme s'il suffisait d'un bon coup de peinture pour restaurer une maison délabrée : c'est pure illusion. Tant que les dirigeants d'entreprise n'auront pas compris que c'est un baromètre de ce qui dysfonctionne dans leurs murs, rien ne s'arrangera. L'entreprise a besoin de changer en profondeur en mettant en place suffisamment de mesures de prévention en place et surtout en étant à l'écoute des salariés en souffrance.

Pourquoi ne pas aborder le problème des conditions de travail lorsqu'il est mineur, plutôt que d'attendre qu'il devienne majeur? Voici les points fondamentaux dont il faut prendre conscience au plus vite :

Il est nécessaire de considérer les valeurs humaines comme une priorité dans le monde du travail.

La qualité de vie au travail doit être une priorité face aux intérêts économiques.

Il faut dire stop aux déclarations abstraites pour passer aux actions concrètes.

Un salarié qui exerce son activité en harmonie avec ses valeurs et ses compétences sera plus engagé, et donc moins sujet au burn out.

Nous sommes à l'aube de 2020, il n'y a jamais eu autant de dépressions, d'arrêts maladies, d'accidents du travail, de burn out, de suicides, tous milieux professionnels confondus (administration, police, hôpitaux, agriculteurs, assurances, SNCF, la Poste, Éducation nationale…). Aujourd'hui, il faut absolument prendre conscience du monde professionnel que nous laissons à nos enfants, qui est devenu invivable, inhumain, intolérable. Il est grand temps que les temps changent et j'espère que le procès médiatique et exemplaire qui a eu lieu du 6 mai au 11 juillet 2019 aura permis cette prise de conscience et que le changement et des améliorations vont voir très rapidement le jour et que des décisions radicales seront prises en haut-lieu dans ce sens.

J'en appelle donc au plus vite au président de la République Emmanuel Macron, au ministre du Travail et au ministre de la Santé afin d'organiser en 2020 un **Grenelle des conditions de travail** :

- le burn out doit être reconnu comme maladie professionnelle ;
- un accident sur le lieu de travail doit être reconnu comme tel ;
- les soins médicaux liés à cette pathologie doivent être mieux pris en charge, car combien de visites médicales ne sont pas remboursées ?
- la direction d'une entreprise doit tenir compte des préconisations de la médecine du travail ;
- la direction doit tenir compte de la RQTH (Reconnaissance de travailleur handicapé) du salarié et lui proposer des conditions de travail en adéquation avec son état de santé ;
- il faut que *l'humain* devienne le *cœur* de la ligne managériale des entreprises ;
- il faut ouvrir une porte à cette prise de conscience collective.

Un salarié doit enfin être considéré comme un être humain, et non plus comme un pion sur un échiquier avec un numéro de matricule impersonnel. Enfin, il faut que les mentalités évoluent, afin qu'une personne en souffrance puisse l'exprimer sans avoir peur des retombées éventuelles.

*

J'ai pris le temps de coucher sur le papier tout ce qu'a représenté cette décennie de souffrances. J'espère que cela n'aura pas été vain, et si la lecture de cet ouvrage a permis de donner du courage à des lecteurs pour renoncer au suicide et/ou les encourager à se soigner, j'aurai réussi ma mission.

Quant à moi, avec l'espoir d'une nouvelle vie qui s'offre à moi, j'ai envie de me projeter dans un avenir où je puisse me rendre utile et avoir ainsi l'impression de servir à quelque chose. Mon combat contre le burn out passera par des conférences que je souhaiterais organiser et faire animer par mon grand ami Michel Cavard des Sables d'Olonne, grand journaliste à la retraite très active.

J'aimerais aussi animer des ateliers d'écriture, car l'écriture est un moyen d'expression inouï dont j'ai pris conscience ces dernières années. Pour cela, je vais essayer de suivre une formation d'écrivain public et passer le certificat Voltaire (qui valide mon niveau d'orthographe en français).

Le fait d'écrire ce livre m'a aidée à exorciser toute cette fracture de ma vie. Il a permis de faire comprendre les mécanismes qui peuvent conduire au suicide, mais aussi de donner les clefs qui m'ont aidée à m'en sortir, car il y a une chose dont je suis sûre et certaine aujourd'hui : c'est que pour guérir d'un burn out, il est essentiel d'être actif dans sa guérison. Je pense en effet qu'à travers mon expérience, le lecteur verra tout ce qu'il est possible de mettre en œuvre pour sa propre survie. Je n'ai pas honte de le dire, ce fut pour moi une décennie de *survie*.

Peut-être que ce livre aidera des personnes à trouver des pistes pour les aider à se sortir de cette spirale infernale et destructrice et surtout leur montrer que la vie sereine, je l'espère bien, peut reprendre le dessus. Mais il est clair que c'est un véritable parcours du combattant. Je souhaite vous avoir aidé à vous armer pour réussir, vous aussi.

Le but de ce livre n'est pas de faire condamner l'entreprise, car c'est à la Justice de le faire (le délibéré du procès interviendra le 20 décembre), mais je suis là pour raconter le vécu de l'intérieur, quand la politique d'une entreprise, sa désorganisation peut entraîner ses salariés à la dérive, dans un abîme qui peut conduire à l'irréparable.

Je tiens particulièrement à rendre hommage à mes collègues qui ont « laissé leur peau » dans leur combat quotidien pour survivre à des conditions de travail devenues inhumaines et destructrices, particulièrement à Rémy Louvradoux, collègue de Mérignac (près de Bordeaux) qui s'est immolé par le feu le même jour où j'ai fait ma tentative de suicide sur mon lieu de travail, le funeste 26 avril 2011. Moi, la mort n'a pas voulu de moi, ce n'était pas encore mon heure, la vie en a décidé autrement et je suis, encore huit ans après, là pour pouvoir le raconter.

Mais une décennie, c'est long.
Une décennie de souffrance, c'est *très* long.
Une décennie de survie, c'est *trop* long.
Plus jamais ça !

Ce livre, je l'espère, m'aidera à évacuer ce lourd passé. J'ose aussi espérer que l'année 2019 sera l'année du renouveau dans l'entreprise, l'année de ma renaissance et surtout, un tournant dans ma vie. J'espère avoir encore de belles années à vivre avec ma fille et qu'enfin, une nouvelle vie va s'offrir à moi, sans souffrance mais entourée de beaucoup de bienveillance, de bonheur, de partage.

Peut-être même que certains lecteurs parmi vous ayant traversé une période trouble similaire se diront que finalement, il y a eu pire qu'eux, et si ce livre a réussi à donner un message d'espoir ne serait-ce qu'à une personne, à qui cela donnera envie de se battre, de ne pas passer à l'acte suicidaire, ce sera une belle victoire pour moi.

Et puis j'espère vous rencontrer, vous, lecteurs, lors de séances de dédicaces et de conférences, afin que nous puissions échanger et faire plus ample connaissance. Je vous dis à bientôt.

Le burn out : faut-il en faire une maladie ?

Par Dr Patrick Légeron

Psychiatre, fondateur du Cabinet Stimulus,
co-auteur du rapport sur le burn out pour
l'Académie nationale de médecine

On y avait cru quelques jours. Au printemps dernier, l'Organisation mondiale de la santé (OMS) se penchait sur la révision de sa classification internationale des maladies et étudiait la place à accorder au burn out dans cette bible médicale, véritable outil de référence mondiale répertoriant toutes les maladies. Le bruit, largement relayé par les médias, courait alors que le burn out allait enfin être considéré comme une maladie. Mais ce ne fut pas le cas. La prise de position de l'OMS fut claire : le burn out est compris comme un phénomène lié au travail mais n'est pas classé parmi les maladies et rejoint le chapitre des « Facteurs influant sur l'état de santé ou sur les motifs de recours aux services de santé », qui regroupe les motifs pour lesquels les personnes s'adressent aux services de santé.

Trois ans plus tôt dans notre pays, l'Académie nationale de médecine adoptait une position semblable et soulignait que le terme de burn out ne peut être actuellement un diagnostic médical. Les personnes touchées par ce phénomène présentent en fait des signes de dépression, de trouble anxieux ou d'une autre maladie psychique qui eux sont bien identifiés en médecine. Le burn out ne serait en effet qu'un immense « fourre-tout » rassemblant toutes les formes de souffrance liée au travail, pathologiques ou non d'ailleurs.

En fait, les choses ne sont pas si simples. De nombreuses manifestations du burn out sont bien spécifiques : l'épuisement considérable de tout l'organisme physique et psychique, l'altération profonde des émotions avec l'impression de ne plus être un être humain (la « dépersonnalisation »), le sentiment de perte de son efficacité et de la réalisation de soi. Tous ces signes sont fort bien décrits dans l'ouvrage que j'ai le plaisir de postfacer, dans un témoignage émouvant qui enrichit nos connaissances cliniques sur le burn out.

Mais au-delà de ses symptômes, ce qui caractérise peut-être le mieux le burn out, ce sont ses causes. Les nombreuses études à notre disposition depuis une trentaine d'années soulignent en effet la responsabilité majeure sinon exclusive des environnements de travail : changements organisationnels incessants négligeant la dimension humaine, management défectueux des individus, perte du sens du travail, absence de reconnaissance, menaces sur la sécurité de l'emploi, etc. Ces facteurs de risque dits « psychosociaux » pour la santé sont bien identifiés comme à l'origine des cas de burn out et on les retrouve décrits en détail dans l'ouvrage de Béatrice Pannier.

L'auteure nous relate aussi son « parcours du combattant » pour la reconnaissance de l'origine professionnelle de cette souffrance. Alors que le stress est depuis plusieurs années reconnu par le Bureau international du travail comme le premier risque pour la santé des travailleurs, le burn out ne figure pas dans la liste des maladies professionnelles de la Caisse d'assurance maladie. Comme d'ailleurs aucun trouble psychique. Certes, par le biais de commissions régionales et au prix de démarches encore très complexes, quelques centaines de cas de maladies psychiques sont reconnues chaque année comme étant liées au travail et indemnisées comme telles. Mais cela n'est qu'une goutte d'eau au vu des estimations de l'ampleur du phénomène. Santé publique France estime ainsi que près de 500 000 salariés présentent une souffrance pathologique liée au travail.

Ce témoignage intime de l'une des nombreuses victimes de ce que l'on nomme « l'affaire France Telecom » survient au moment où, plus de dix ans après les faits, se clôt le tardif et long procès des dirigeants de ce grand opérateur téléphonique. Dans les années 2006-2008 la survenue de suicides et de burn out au travail et sa forte médiatisation avait ébranlé le monde des entreprises et la société française en général. Mais cet « électrochoc » n'avait pas été suivi de beaucoup d'effets. La France reste encore aujourd'hui, comparée à ses voisins européens, peu mobilisée sur la question de la santé psychologique au travail.

Le deuxième électrochoc survenant à l'issue du procès de France Telecom modifiera-t-il ce triste constat ? Les entreprises, mais aussi les pouvoirs publics, feront-ils du bien-être au travail une stratégie majeure de santé publique mais aussi de performance économique, au vu du coût financier considérable induit par le mal-être des salariés ? De véritables actions de prévention seront-elles mises en place sur chaque lieu de travail pour lutter contre le stress au travail et construire des environnements de travail « sains » c'est-à-dire bons pour la santé ?

Quand on connait la difficulté et la lourdeur à traiter médicalement les formes les plus graves du burn out, l'adage médical doit impérativement s'appliquer : « Mieux vaut prévenir que guérir ». Pour ma part, et à destination des entreprises, j'y ajouterai : « Mieux vaut anticiper que réparer ».

Burn out : le cri de Béatrice, ou comment sortir de l'impasse ?

Par Dr Olivier Dubois

Médecin psychiatre, directeur des cliniques
et des thermes de Saujon, coordinateur
de plusieurs études scientifiques

Combien de personnes sont touchées par le burn out en France aujourd'hui ?

Il est bien difficile de répondre précisément à cette question. Combien de burn out sont réellement identifiés, et par qui ? Combien de situations de souffrance au travail sont cachées, non repérées, méconnues, ignorées ?

Une chose est sûre : le nombre de cas de burn out a augmenté en France ces dernières années. Une récente étude sur la santé mentale des actifs en France a montré que 45 % des actifs n'arrivaient pas à mener de front vie professionnelle et vie personnelle. Santé Publique France a démontré une croissance significative des cas de burn out depuis dix ans.

Béatrice Pannier, qui est l'un de ces nombreux cas, a écrit ici un livre très poignant sur sa descente aux enfers. Elle s'exprime avec une grande sincérité ; elle met à nu toute sa souffrance pour que chacun puisse s'identifier, se reconnaître dans ce qu'elle a vécu.

Son histoire est un cas d'école. On y retrouve presque tous les facteurs qui favorisent la chute : une personnalité engagée, consciencieuse, travailleuse, passionnée, qui apprécie les responsabilités mais attend, en retour de cet engagement, valorisation et considération. Quoi de plus normal, au fond !

Béatrice a parfaitement repéré le moment du virage, l'instant où le cercle vicieux s'est mis en route dans une logique implacable. Elle a ressenti tout à la fois une perte de sens dans son travail, un changement profond dans la culture de l'entreprise, un ennui quotidien dans son emploi et une absence de considération ; pire, une impossibilité d'être en contact avec son responsable, invisible car exerçant sur un autre site.

Nombre d'autres facteurs l'ont également précipitée : la dégradation des conditions de travail, notamment l'excès de sonorité et, surtout, la promiscuité qu'imposent les open space ; la pression induite par des objectifs de résultats qu'elle juge totalement inopérables ; mais aussi, et plus généralement, la pression financière qu'elle s'est fixée, dans le contexte d'une société moderne peut-être trop exigeante pour certains d'entre nous.

Chacun aura encore noté les injonctions paradoxales de ses supérieurs : « *Il faut développer la qualité client* », mais ces mêmes clients se disent « écœurés par nos pratiques ». L'entreprise semble divisée, compartimentée, comme éclatée par des messages contradictoires.

Béatrice Pannier, qui est très (trop) attachée à cette entreprise, souffre de l'image qu'elle sent se dégrader dans et en dehors de celle-ci. Elle souffre pour elle, ne se reconnaît plus en elle, en a honte, mais ne peut s'en détacher. La souffrance s'amplifie : d'abord des angoisses (boule au ventre), des douleurs, un sommeil perturbé, de la fatigue. Puis surviennent la démotivation, les ruminations, l'épuisement qui devient extrême ; elle semble perdue, sans repères ; les idées noires puis suicidaires apparaissent et, à bout de nerfs, elle passe à l'acte, dans l'entreprise, le jour où l'un de ses collègues s'immole : les salariés sont en feu !

Arrêt de travail, antidépresseurs, somnifères, soutien psychothérapique : rien n'y fait. « Le corps a dit stop » et n'est pas prêt de redémarrer. Le processus de destruction psychique aura mis environ cinq ans pour aboutir à cette situation d'impasse, ce qui n'est pas rare.

Béatrice a touché le fond. Elle va pouvoir enfin entamer très progressivement sa reconstruction, malgré une grande fragilité et de nombreuses rechutes.

C'est dans cette phase-là que j'ai eu le plaisir de rencontrer Béatrice. Celle-ci a régulièrement séjourné en cure thermale, dans le centre spécialisé dans la prise en charge du burn out où j'exerce.

La cure thermale a démontré, ces dernières années, son efficacité pour traiter les troubles anxieux comme les troubles du sommeil, ou encore pour réduire la consommation des anxiolytiques et des hypnotiques. La balnéothérapie en centre médicalisé permet au curiste d'accéder à un état de relaxation optimal. Elle est un formidable « inducteur de lâcher-prise ». Il faut toute la douceur et la maternité de l'eau minérale pour permettre au sujet d'accepter la perte de maîtrise, de contrôle que nécessitent ces états prolongés d'angoisse et d'épuisement.

Au-delà, le développement, au cours de la cure, de programmes psycho-éducatifs (stress, sommeil, douleurs, burn out) d'entretiens psychologiques, de suivi médical, d'activités complémentaires (hypnose, do in, shiatsu, activités physiques) permettent au sujet de mieux identifier l'apparition et le développement de son trouble, et d'apprendre des techniques pour y faire face.

Ces dernières années, nous avons vu se développer à Saujon la prescription de cures pour cause de burn out ou d'épuisement professionnel (près du quart de nos curistes en souffrent). « *Ici, je peux vivre pour moi ; je me laisse aller au lâcher-prise ; je m'installe dans une bulle de bienveillance [...] qui me fait un bien fou* », nous dit Béatrice.

Dans ces états de burn out, le temps, le repos, la mise à distance, le soutien psychologique et l'acceptation de perdre le contrôle comme le retour à soi sont des objectifs qui permettent d'entrevoir des solutions pour sortir de la spirale de l'échec et entretenir l'espoir.

Nous l'avons ainsi constaté, Béatrice a pu, année après année, entamer son chemin de reconstruction. Elle a peu à peu fait son deuil, encore partiel, de « l'entreprise de sa vie ». Elle s'est réparée par et dans l'action. Ce fut son mode de résilience.

Elle a fait sienne la nouvelle devise de Boris Cyrulnik qui, dans son dernier ouvrage, nous démontre que l'écriture nous aide à expulser la souffrance. Béatrice Pannier en est un parfait exemple.

Il faut la féliciter pour sa volonté, son courage, son énergie. Son combat est une véritable action de santé publique, tournée vers un objectif ambitieux : améliorer le sort de tous ceux qui souffrent au travail.

Bien sûr, il ne faut pas être dupe ni naïf : la souffrance psychique n'est pas prête de disparaître. Les intérêts humains et financiers, au sein des entreprises, ne risquent guère de passer au second plan.

Cependant, le nombre de burn out dus à une mauvaise gestion, à des comportements managériaux manquant de la plus simple empathie, à une absence de formation psychologique des DRH, laisse entrevoir de réelles solutions dès lors que l'on décidera de « s'attaquer » au problème. En ce sens, Béatrice, dans cet ouvrage vibrant, fait mouche : son cri ne peut qu'être entendu, espérons, par le plus grand nombre.

Conseils de lecture

Marie Pezé, *Le Burn out pour les Nuls*, First, 2017.

Dr Olivier Dubois, *Thermalisme : voie de guérison naturelle,* Flammarion, 2018.

Dr Patrick Légeron, *Le stress au travail : un enjeu de santé,* Odile Jacob, 2015.

J.-C. Delgènes, A. Martineau-Arbes, B. Morat, *Idées Reçues sur le burn out,* Le Cavalier Bleu, 2017.

A.-F. Chaperon, B. Litzler, M.-E. Alouf, *Harcèlement moral au travail,* Odile Jacob, 2014.

Dr A. Afdjei, Dr A. Delabos, F. Michalon, *Burn out, le vrai du faux,* Fortuna Editions, 2016.

Sylvie Brière, *Le syndrome d'épuisement,* Fortuna Editions, 2016.

C. Maslach, M.-P. Leiter, *Burn out (des solutions pour se préserver et pour agir),* Les Arènes, 2011.

*

Et pour vous détendre, je vous propose quatre livres que vous trouverez exclusivement sur mon site[10] :

À la découverte de… Alain Souchon et Laurent Voulzy (livret de jeux), BOD, 2011.

J'veux du Souchon et du Voulzy, Fortuna Editions, 2015 et 2016

Souchon-Voulzy : Ma passion, imprimermonlivre.com, 2018.

Livret photos Souchon Voulzy, imprimermonlivre.com, 2018.

10. www.beatricepannier.com

Je tiens particulièrement à remercier :

Ma famille : ma fille Marine, son papa David, mes parents, ma sœur Christelle pour leur soutien et leur compréhension.

Yves Michalon, mon éditeur, pour sa confiance, ainsi que toute son équipe : Sophie, Virginie, Anne.

Les amis qui m'ont beaucoup soutenue ces dernières années et avec qui j'ai partagé de belles « parenthèses enchantées » : Alain S., Laurent V., Fabien L., Michel C. et Maryse, François M., Dominique G., Sylvie et Jean-Marie G., Annick D., Maryline et Éric A., Brigitte, Romain et Éric V., Lydie et Jean-Marc Z., Annie D., Patrick L., Jean-Claude P., Marie-Claire et Jean F., Philippe F., Martine C., Philippe C., Philippe D., Dany C., Corinne C., Karine, Sonia, Cathy D., Cathy B., Mirella V., Françoise S., Pierre S., Charles S., Julien V., Nicolas V., Martine L., Chantal et Patrice G., Marie-France, Yannick H. et tous les autres.

Ainsi que la médecin du travail et l'assistante sociale de mon lieu de travail, tout comme Maître Sylvie Topaloff, pour leur professionnalisme et leur bienveillance.

Merci particulier à Manuela A. que je connais depuis peu

mais qui est prête à m'aider en haut lieu dans mon combat pour déclencher au plus vite la création d'un Grenelle des conditions de travail.